西儒远来

——耶稣会士与明末清初的中西交流

史习隽　著

商务印书馆
The Commercial Press

2019年·北京

图书在版编目（CIP）数据

西儒远来：耶稣会士与明末清初的中西交流 / 史习
隽著. — 北京：商务印书馆，2019
（丝瓷之路博览）
ISBN 978-7-100-16800-7

Ⅰ.①西… Ⅱ.①史… Ⅲ.①基督教－传教士－研究－
中国－明代②基督教－传教士－研究－中国－清代
Ⅳ.①B979.2

中国版本图书馆CIP数据核字（2018）第248504号

西儒远来
——耶稣会士与明末清初的中西交流
史习隽　著

商　务　印　书　馆　出　版
（北京王府井大街 36 号　邮政编码 100710）
商　务　印　书　馆　发　行
北京富诚彩色印刷有限公司印刷
ISBN 978－7－100－16800－7

2019年8月第1版　　　开本 880×1230　1/32
2019年8月第1次印刷　　印张 10
定价：58.00元

主　　办：中国社会科学院历史研究所中外关系史研究室

顾　　问：陈高华

特邀主编：钱　江

主　　编：余太山　李锦绣

主编助理：李艳玲

编者的话

《丝瓷之路博览》是一套普及丛书，试图以引人入胜的方式向广大读者介绍稳定可靠的古代中外关系史知识。

由于涉及形形色色的文化背景，故古代中外关系史可说是一个非常艰深的研究领域，成果不易为一般读者掌握和利用。但这又是一个饶有趣味的领域，从浩瀚的大海直至无垠的沙漠，一代又一代上演着一出又一出的活剧。既有友好交往，又有诡诈博弈，时而风光旖旎，时而腥风血雨。数不清的人、事、物兴衰嬗递，前赴后继，可歌可泣，发人深省。毫无疑问，这些故事可以极大地丰富人们的精神生活。

本丛书是秉承《丝瓷之路》学刊理念而作。学刊将古代中外关系史领域划分为三大块：内陆欧亚史、地中海和中国关系史、环太平洋史。欧亚大陆东端是太平洋，西端是地中海。地中海和中国之间既可以通过海上丝绸之路，也可以通过草原之路往来。出于叙事的方便，本丛书没有分成相应的三个系列，但种种传奇仍以此为主线铺陈故事，追古述今。我们殷切希望广大读者和作者一起努力，让古代中外关系史的知识走进千家万户！

2012 年秋

引　子

晚明耶稣会的入华给中西文化交流带来的影响之大是毋庸置疑的。一方面，他们实现了自己的传教使命，使天主教在中国的文化土壤上拥有了一席之地，即便经历了"百年禁教"，其在中国的发展也并未断绝，而是一直延绵至今。与此同时，他们的到来也拓宽了中国对西方的认识。从宗教伦理到西洋火器，从人文艺术到自然科学，耶稣会士对西学的引介推动了中国本土科学技术的发展，也使得从高官权贵到普通平民都有机会接触到西方文化的气息。由这一小群西洋人掀起的东西交流并未局限于某一群体或某一地区，而是几乎影响至整个中国社会，这样的规模在中西交流史上是前所未有的。

笔者一直认为明清时期耶稣会士的在华传教事业既可以说极为纯粹，同时又是错综复杂的。纯粹指的是传教士们的传教动机。不论是广交中国名士的利玛窦，或是被誉为"西来孔子"的艾儒略，他们所怀揣的信念与追求事实上只有一个，那便是让天主的"福音"传至中国的土地。不论是附会儒学的"文化适应"，或是经世济民的西方科学，都是为了实现这一根本目的的手段。正如"合儒"、"补儒"的意义在于"超儒"，介绍世界地图、天球仪的用意则是在于吸引中国人对西学与天主教的好奇心。然而，这样的动机并没有妨碍，或者说反而促进了耶稣会士成为融汇东西的文化桥梁。在成为"西儒"的道路上，他们努力钻研汉语，熟读儒家经典，研习中国礼仪，分析中国人的文化与喜好，尝试以更易被接纳的方式来阐释与传扬天主教义。广义来讲，他们可谓是开创了汉语基督教神学的先驱。为了展现自己的"博学"，他们积极地译书制器，推动了中国一次又一次的科学革命，虽然这并不是他们的本意。

然而，在他们传教事业的背后则是错综复杂的利益关系。大航海时代的传教始终与贸易和殖民有着千丝万缕的联系，由此带来的是葡萄牙、西班牙、法国等西方各国对保教权的争夺。与之相应的是各修会为了扩大传教范围而进行的竞争与博弈。并且，即便是耶稣会内部也始终存在着不同的声音。这些明争暗斗的源头既包括彼此对于教义理解的差别、关于传教策略的分歧，也包括对教会内部与西方各国的权力冲突，而其结果则最终导致了"礼仪之争"以及从康熙朝开始长达近一个半世纪的禁教。

虽然这本小书无法全面展现这段宏大历史的发展进程，但是笔者希望通过对一些标志性历史节点以及耶稣会在西学东渐方面的主要贡献进行梳理与介绍，为读者们概括地呈现耶稣会的入华过程、进入中国后的教务发展以及在华传教事业面临的困境与挑战。然而，与此同时笔者希望强调的是，耶稣会的入华传教史并非割裂、孤立的存在，而是耶稣会远东传教的一部分。为了阐释耶稣会远东传教的背景，本书在第一章中以"东方宗徒"方济各·沙勿略的事迹为主线，介绍了耶稣会入华之前在印度，尤其是在日本的传教情况。日本是耶稣会入华的前站。在那里，耶稣会士们积累了他们对陌生的东方文化的认识，并积极谋求与权力阶级合作、交往，试图营造适合天主教传播的环境，并寻求适合东方国家的传教方式。当时，天主教在日本欣欣向荣地发展了近一个世纪，以至于1549—1650年的这一段时期被史学家们称为日本的"切支丹世纪"（Christian Century）。中日两国在文化与社会结构上有着诸多相似之处，二者均有着成熟的文化体系，存在明确的社会阶层，拥有多元且强势的本土宗教。因此，传教士在传播天主教时也曾遇到许多相似的困境。他们在日本积累的传教经验，对于耶稣会的在华传教活动产生了深远的影响。笔者希望通过第一章的介绍让读者认识到耶稣会在远东的传教是一个连续的过程，并展现耶稣会"文化适应"策略的萌芽。16、17世纪，中日天主教传播的对比事实上是笔者在攻读博士期间就产生兴趣的一个课题，希望在日后的研究中能对这一问题展开更为系统、深入的探讨。

此外，在本书的第五章中，笔者以明末天主教"三大柱石"之一的徐光启为例，介绍了奉教士人的人际网络对于天主教与西学传播产生的影响。耶稣会实行的"文化适应"方针，以及将西方学科作为传教工具的办法在当时取得了显著的效果，传教士们以其"博学"的形象博得了不少中国士大夫的认同与好感。而一批"奉教士人"的诞生，更是有效地推动了耶稣会的传教事业。"奉教士人"指的是以被誉为明末"天主教三大柱石"的徐光启、李之藻、杨廷筠为代表，信奉天主教的中国士大夫。他们不仅在朝中拥有官位，在地方社会也享有一定的影响力。这些奉教士人在入教之后，除了关注自身的宗教生活，还常常积极地通过各种社会关系及在官界的影响力为传教士创造有利的环境，以促进传教活动的顺利发展。在他们的帮助下，耶稣会士们不仅得以参与到朝廷的历法编修及军事改革活动中，他们在各地的传教活动也获得了更为顺畅的发展。而这正是耶稣会在中国实行"上层路线"所期待的结果。事实上，这一部分是笔者博士论文中一部分的缩略。笔者希望能通过具体的事例，更加直观地展现明末清初天主教在士人阶层中的传播路径，以及天主教徒在当时的政治文化环境下的各种境遇与诸多面相，揭示耶稣会的上层路线与"文化适应"在实践中的展开形式与效果。

笔者在撰写本书的过程中，除了利用传教士的著作、书信、年报等各种原始文献外，还参考了一系列相关领域的先行研究，其中包括李天纲、戚印平、余三乐、五野井隆史、清水紘一等众多前辈名家以及笔者在九州大学的导师中岛乐章、柴田笃的大作，但由于本系列丛书在体例上统一不标注出处或参考文献，因此笔者在这里一并致谢。另外，衷心感谢长春师范大学郑春颖老师的引荐，使笔者能够有幸参与这套丛书的撰写。

史习隽

2018 年 12 月 31 日

目　录

第三章

中儒与西儒的对话

第四章

"西国大学师"——从西学传播到历法编修

第一章

十五世纪末十六世纪初，新航路的开辟揭开了大航海时代的序幕，欧洲各国开始纷纷向外殖民，不断拓展海外贸易。在开拓殖民地的同时，为了扩大天主教的影响和势力，西洋传教士们也开始来到东方进行活动。他们带来的不仅有所谓天主的"福音"，还有先进的西方科学和异质于东方传统的西洋文化。西儒远来掀起了一场东西方文明之间的交流与碰撞，并对后世留下了深远的影响。

从日本到中国
——
方济各·沙勿略的悲愿

基督教与中国相遇

16 世纪末天主教传教士入华,并不是中国与基督教(Christianity)的第一次相遇。早在 7 世纪,一支由君士坦丁堡主教聂斯托利(Nestorius)创建的基督教异端教派便进入了中国。该教派被称为聂斯托利派(Nestoraianism),又称为景教,属希腊正教,或称东正教的一个异端分支。

该教派的创始人聂斯托利主张基督"二性二位说",即认为基督具有人和神的双重本性。该教派认为虽然作为人的耶稣为玛利亚所生,但作为神的圣子和基督的耶稣却非玛利亚所生,因此不能将玛利亚认作"圣母"。在 431 年举行的以弗所公会议,即基督宗教世界性主教会议上,这种"二性二位说"被定义为异端。随后,聂斯托利便带领其追随者向东流亡,主要活动在今伊朗、叙利亚、伊拉克等地。498 年,聂斯托利派主教在波斯的塞留西亚主教会议上组成了东方独立教会,此后,传教士们便一直努力向东拓展教务。635 年,传教士阿罗本到达中国，受到了唐太宗的接见。
唐太宗不但允许阿罗本在中国传教，
还让朝廷出资，协助其在长安建立
了大秦寺（景教教堂）。景教的入
华，可谓是基督教在中国立足的首
次尝试。

唐高宗时，景教开始向全国传
播，并且逐渐兴盛。关于景教在唐
代的发展，最著名、也最重要的史
料之一，就是于 1623 年在陕西西安
附近出土的石碑——"大秦景教流

大秦景教流行中国碑（日本古代文字资料馆藏）

行中国碑"，碑文上记载："于诸州各置景寺，仍崇阿罗本为镇
国大法主。法流十道，国富元休；寺满百城，家殷景福。"虽
然碑文的内容或许存在夸大之嫌，但景教在唐代之流行可见一
斑。景教的发展曾引起佛、道二教的不满，从而招致他教信徒
的攻击，但却依然得到了唐玄宗、唐肃宗、唐代宗等数位皇帝
的支持与保护。不过，景教在大唐的繁荣持续不足两个世纪。
845 年，笃信道教的唐武宗下令禁佛，全国各处寺院被毁，寺
院财产被收归国有。景教也因此受到牵连，许多景教徒被勒
令改宗或回归本籍。从此景教一蹶不振，并于 10 世纪前后，
在中国内地销声匿迹。据称，宋朝初年，景教首领巴格达大主

教曾派遣使节来华调查教务，结果在整个中国只发现了一名景教徒。

不过，景教在中国的西北边陲和中亚地区残存了下来。13世纪，蒙古人建立元朝后，一些蒙古部落纷纷开始向内地迁徙，而一部分中亚的景教徒也随着蒙古大军重新返回了中国内地。由于蒙古汪古部的阔里吉思王子家族信奉景教，致使整个汪古部最终皈依景教。景教在元朝的势力日渐庞大，景教徒甚至还一度获得了不服兵役、不纳赋税的特权。

在元朝一度流行的除了被正统基督教视为异端的景教以外，还有以方济各会（Franciscan）为代表的天主教。方济各会的创始人为意大利的方济各·亚西西（Francis of Assisi）。该会提倡生活清贫，成员们彼此间互称"小兄弟"，因此又被称为"小兄弟会"，因其成员常身穿粗衣布袍，手托乞食钵，赤足行走，因此该会会士又被称为"托钵僧"。

13世纪，所向披靡的蒙古铁骑占领了东亚和中亚的大部分地方。蒙古的崛起让欧洲各国惴惴不安，它们急切想要了解蒙古军的实力与军情。另外，与伊斯兰世界在宗教势力上的你争我夺，也促使基督教世界想要与蒙古人结盟，共同对抗伊斯兰教势力。因此，罗马教廷和欧洲各国君主曾数次向蒙古帝国派遣使节，而其中大部分均是方济各会士。其中最为著名的传教士之一是意大利人孟高维诺（Jean de Montecorvino）。他于至元三十年（1293）到达汗八里（元大都，今北京），受到了元世祖忽必烈的接见，并获许在中国布道。在他的努力下，约有六千多人受洗入教。为了表彰他在传教上的卓越贡献，1307年，教皇克雷芒五世（Clement V）将孟高维诺任命为"汗八里及东方的主教"。据史料记载，孟高维诺在华传教长达 34 年，劝化信徒三万多人，并曾在大都建造了三座天主教堂。他还使原来信奉景教的汪古部唐王，以及东迁而来的一万多亚兰人改宗，转信天主教。

当时，元朝将包括景教和天主教在内的基督教各教派统称为"也里可温"，并设立了管理也里可温教务的机构 —— 崇福司。但由于当时受洗入教的信徒大多为蒙古人、色目人和亚兰人，因此在汉人夺回政权、推翻元朝之后，随着蒙古人及其他民族的外迁，也里可温教也随之从中国内地消失。

虽然景教和以方济各会为代表的天主教曾在中国一度发展兴盛，发展了不少教徒，然而由于在内地流传时间较短，又存在民族上的局限性，所以对后世的影响较为有限。因此，16世纪末，在耶稣会士入华初期，中国

高昌城郊外景教堂壁画（德国柏林民俗博物馆藏）

从平民到士大夫们都不知道基督教曾经进入过中国，而是将其视为佛教的一支。直到"大秦景教流行中国碑"被发现之后，明朝人才得以知晓这段历史。天主教徒们纷纷以"景教后学"自称，将景教碑视为"圣教古遗"，并为"中国之有天主教已一千余年"而自豪，甚至还在山西建造了景教堂，以作纪念。

耶稣会的成立与远东布道的开始

与昙花一现的景教和元朝的天主教不同，16世纪末传来的天主教真正在中国扎下了根。虽然也曾屡经教难，甚至遭遇被禁、教士被逐，但其发展却一直延绵不绝。当时入华传教的天主教教团，除了之前提到的方济各会，还有耶稣会（Jesuits）、多明我会（Dominicans），等等。然而，其中最具影响力、势力最为庞大的，则当属耶稣会。

耶稣会初创于1534年，于1540年受到教皇保罗三世（Paul III）的认可，正式成立。它的创建，与当时天主教会受到16世纪宗教改革冲击的背景密不可分。1517年，德国神学家马丁·路德（Martin Luther）发表《九十五条论纲》，批判罗马天主教的教条、仪式和组织结构等，从而引发了宗教改革，促成新教创立。为了抵抗新教带来的压力，天主教会开始从内部进行改革。其改革的标志之一就是对原有修会进行整顿，并创建新的修会。当时新成立的修会中影响力最大的就是耶稣会。

耶稣会创设时期的神父们（罗马耶稣会文书馆藏）

耶稣会的主要创建者是西班牙人伊纳爵·罗耀拉（Ignatius de Loyola）。罗耀拉出身于西班牙北部巴斯克山区罗耀拉城堡的一个贵族家庭。然而他生活坎坷，14岁便父母双亡，从军入伍后，在一次与法军对抗的战役中被炮弹炸伤右腿，导致终身残疾。住院疗伤期间，罗耀拉研读了《耶稣传》和《圣徒言行》等天主教书籍，幡然感悟，立志服事基督。之后，罗耀拉辗转各地学习文学、哲学和神学，并于1528年考入巴黎大学深造。在就读巴黎大学期间，罗耀拉完成了著名的《神操》一书，并结识了6名与他志同道合的好友，组建了耶稣会。其中之一便是日后对耶稣会士在远东传教产生巨大影响的方济各·沙勿略（Francis Xavier）。

1540年，耶稣会得到教皇批准后，罗耀拉被任命为该会的总会长。他在《神操》的基础上制定了《耶稣会会规》。由于罗耀拉本为军人出身，所以耶稣会沿用了军队的编制，组织严密，纪律森严。所有会士在入会之前都必须发誓遵守"服从、

贞洁、清贫"三愿，并立志效忠教皇。而该会的宗旨就是重振
罗马天主教会，恢复其神权统治的权威。与当时的其他修会相
比，耶稣会的活动方针显得有些与众不同，它并不要求会士在
修道院隐修，反而鼓励会士们前往世界各地，深入社会各个阶
层参加各种活动。另外，耶稣会士们还尤其重视与上层社会的
接触，他们进入各国宫廷，充当君主们及上流人物的忏悔神
父，从而扩大罗马天主教会在政治上的影响和势力。这种"上
层路线"传教方针同样也是耶稣会之后在远东布道时最显著的
特征之一。

1596 年绘亚洲地图（日本神户市立博物馆藏）

为了扩大天主教会的势力和影响，耶稣会除了在欧洲各国活动之外，还积极向海外传教，开拓新的传教地。当时在远东地区，殖民争夺最为激烈的国家当属葡萄牙和西班牙。而教皇为了弥补天主教会在宗教改革运动中遭受的损失，也积极支持这些天主教国家的殖民活动。由于葡、西两国冲突不断，为了平分它们在远东的势力，1493 年，罗马教皇亚力山大六世（Alexander VI）曾两度发布敕令，即所谓"葡萄牙保教权"以及"西班牙皇家保教权"。次年，在教皇的协调下，二国签署了《托德西拉斯条约》，平分其在欧洲之外的势力。根据该条约，以佛得角群岛以西 370 里格（leagues）的南北经线，作为二国势力的分割线。因此，原本不属于葡萄牙政治势力范围的一些区域，即东非诸国、阿拉伯、波斯、印度、东印度及中国等，因为保教权转而成为葡萄牙的管辖地。由此，凡是想要前往东方传教的传教士都必须获得葡萄牙国王的批准，并从葡萄牙首都里斯本启程。随后，葡萄牙国王若望三世（John III）向教皇提出向东方派遣传教士的申请，教皇便将此任务交托给了新成立不久的耶稣会。最

在印度传教的耶稣会士

终，会长罗耀拉的亲密好友、耶稣会的创始人之一方济各·沙勿略担起了这个重任。1541 年，沙勿略奉葡王若望三世的敕令，以教皇保罗三世任命的教皇大使的身份，出发前往远东布道。

旅程开始 —— "东方宗徒"方济各·沙勿略

　　和罗耀拉一样，方济各·沙勿略也来自西班牙北部的巴斯克山区的一个贵族家庭。1506 年，沙勿略出生于纳瓦拉王国（The Kingdom of Navarra，后曾隶属于西班牙）的沙勿略城。他的父亲胡安（Juan de Jasso）曾历任纳瓦拉王国的财政大臣、枢密院议长和宰相，拥有极高的社会地位。沙勿略的母亲玛利亚（Dona Maria de Azpilcueta）是两大纳瓦拉贵族家庭的唯一女继承人，据说沙勿略城便是玛利亚当时的嫁妆之一。沙勿略是胡安和玛利亚最年幼的儿子。1512 年，纳瓦拉王国的一部分土地被卡斯蒂利亚王国兼并，成为西班牙统一王国的一部分。3 年后，胡安去世，家道由此开始衰落，当时沙勿略年仅9 岁。

　　沙勿略 20 岁时离家前往法国求学，随后考入巴黎大学圣巴巴拉学院学习哲学和神学。在那里，他度过了他人生中的 11年，也结识了对他一生产生重大影响的伊纳爵·罗耀拉。1529

一宇治城沙勿略像

年，38 岁的罗耀拉考入圣巴巴拉学院，成为当时 23 岁的沙勿略的室友。在日常接触中，沙勿略逐渐为罗耀拉的人格和信仰所折服，最终成了他最忠实的拥护者。1534 年 8 月 15 日，沙勿略与罗耀拉等 6 人在巴黎的蒙马特圣母堂（Saint Pierre de Montmartre）共同宣誓，成立耶稣会。

1540 年，葡萄牙国王若望三世派遣使节前往梵蒂冈，请求教皇同意派遣传教士前往印度传递"福音"。在圣巴巴拉学院院长戈维亚（Diogo de Gouveia）的极力推荐下，教皇将这一重任委托给了年轻的耶稣会士们。罗耀拉原本指派了另外两位耶稣会士前往东方，但其中一位临时患上重病，无法成行。于是，罗耀拉便委任沙勿略代替他前往。同年，沙勿略出发前往葡萄牙。在里斯本，他受到了若望三世和王后的接见和热情款待。沙勿略在葡萄牙国王的宫殿里住了将近一年，为皇室提供宗教服务。

1541 年，沙勿略收到了教皇任命他为东方使者的谕令，于同年的 4 月 7 日——恰好也是他 35 岁生日的那天，离开里斯本，启程前往印度，成为第一个奔赴东方传教的耶稣会士。沙勿略将他接下来的十年时光，也是他生命中的最后十年，毫无保留地投入到了远东布教之中。

从印度到日本

　　在离开里斯本 13 个月后，沙勿略终于到达了葡属印度的中心地果阿（Goa）。葡萄牙人早在 30 年前就控制了该地区，所以葡王若望三世这次委派给沙勿略的首要任务就是在葡萄牙人聚居地复兴天主教。由于当地很多葡萄牙籍的所谓"开拓者"们原本出身于底层社会，甚至还有不少来自监狱，所以虽然信奉天主教，但很少去教堂做弥撒，并且在传教士们看来"常常行为不端，缺乏自律"。因此，沙勿略选择将到达果阿后最初的 5 个月主要用来为病人和临刑前的囚犯做告解，并以此博得了许多当地人的好感。

　　同时，沙勿略还非常注重通过教育事业来弘扬天主教。刚到果阿没有多久，沙勿略便有了在那里设立学院的念头，该计划受到了当地总督的大力支持。不到一年的时间，圣保罗学院（Saint Paul's College）便宣告落成，它被认为是远东地区的第一所西式大学，也是耶稣会在亚洲的第一个基地。

沙勿略在印度的传教中收获最大的应是他在渔夫海岸的布道。沙勿略在果阿传教时听说,位于印度南部有一个叫作渔夫海岸的渔村,那里的居民在 8 年前为了取悦葡萄牙殖民者一度改宗天主教,但由于缺乏宗教指导,他们对于教义事实上并不真正了解。于是,沙勿略在几位当地神父的陪同下,前往渔夫海岸传教。他首先学习了当地的语言,尝试对祈祷经文和天主十诫等进行翻译,向当地人详细解释教理和教义。这一传教方式收获了极佳的效果,据称沙勿略在渔夫海岸劝化了将近 5 万名信徒。而这也让沙勿略开始认识到使传教方式适应本土文化的重要性。

沙勿略在印度南部传教将近 3 年,并沿着海岸建造了将近 40 座教堂。之后,沙勿略又将目光转向了东南亚,并于 1545 年春天出发前往葡萄牙人的东方前哨基地 —— 马六甲。虽然沙勿略在马六甲只停留了数月时间,但从他的信件中我们可以得知,他在那里结识了一位曾在中国经商的葡萄牙商人。从这位商人那里,沙勿略得到了一些关于中国的情报。这让沙勿略对这个古老的东方国家产生了强烈的兴趣,并开始有意了解中国人的祭祀和习惯,等等。或许正是以此为契机,沙勿略萌发了日后前往中国布道的愿望。

沙勿略在马六甲滞留数月后,又来到马鲁古群岛,并在此辗转传教。1547 年,沙勿略回到马六甲,在那里与他的一位老朋友、长年从事远东贸易的葡萄牙人船长阿尔瓦雷斯（Alvarez Jorge）重逢。阿尔瓦雷斯船长一年前刚去过日本，并在萨摩山川港停泊时，偶遇了一位名叫弥次郎（或为池端弥次郎）的日本武士。弥次郎在日本犯下了杀人罪，为了避难，乘坐阿尔瓦雷斯的商船来到马六甲，也许是在与阿尔瓦雷斯传教接触的过程中，弥次郎对天主教有了初步的了解，并产生了在神父面前为自己犯下的罪行忏悔的念头。于是，阿尔瓦雷斯便将弥次郎介绍给了沙勿略。

沙勿略将弥次郎带回了印度。在沙勿略的指导下，弥次郎决心入教，并于1548年在果阿受洗，获教名保禄（Paul），成为有史料记载的日本第一位天主教徒。同年，弥次郎被安排进入沙勿略在果阿创设的圣保罗学院学习基督教神学和葡萄牙语。据称，沙勿略还特意委托当时的院长在教导弥次郎的同时收集日本与整个东亚的情报。

通过弥次郎等人的报告，沙勿略对日本的各种特质，以及日本人的知识、文化有了初步了解，并对日本国民产生了"拥有很强的理解力，不论是关于天主（Deus），或是世上各种学问都有旺盛的求知欲"的印象。传教热情被点燃的沙勿略最终做出"日本人有接受天主教信仰的能力及所需素质"的判断，认为日本是一个充满无限可能的布教地，并立刻开始做前往日本布道的准备。

西儒远来——耶稣会士与明末清初的中西交流

1549 年 8 月，沙勿略在弥次郎的陪同下，与托雷斯
（Cosme de Torres）神父、费尔南德斯（Juan Fernandez）修士一
起，搭乘一艘中国商船，抵达了弥次郎的故乡 ——位于日本九
州岛的鹿儿岛，由此揭开了耶稣会士日本布道的序幕。

在印度传教的沙勿略（葡萄牙科英布拉教区藏）

鹿儿岛开教 —— 日本天主教的开端

　　沙勿略在日本传教的时间并不算长久。从他于 1549年 8 月到达鹿儿岛，到 1551年离开日本返回印度为止，总共不过两年三个月的时间。然而，以沙勿略为代表的第一批赴日传教士却为耶稣会在日本的传教事业打下了坚实的基础。

　　在日本的传教上，沙勿略秉承了耶稣会的一贯传统，

弥次郎像（鹿儿岛沙勿略纪念公园）

尤为注重与上层权力阶级的交往。他最初的设想是到达日本后便立刻前往当时的皇都 —— 京都，谒见日本天皇，希冀从天皇那里获得向全日本传教的许可。为了谒见天皇，沙勿略还携带

了印度总督和马六甲长官的书信，以及一台扬琴、一台时钟和其他一些礼物。

　　沙勿略一行到达鹿儿岛之后便试图找机会寻求当地权力阶层的认可。他们首先拜访了该地区的地方长官——町奉行。随后，又专程远行三十多公里，谒见萨摩国王，也就是鹿儿岛领主岛津贵久。由于是来自异国的稀客，沙勿略一行受到了岛津贵久的热情款待。沙勿略向岛津贵久说明了自己的来意和前往京都拜见天皇的计划，并请求岛津贵久派给他们便船，送他们前往京都。岛津贵久爽快答应了沙勿略在鹿儿岛传教的要求，并给他们安排了住处。但对于送他们上京一事，则态度显得有

沙勿略上陆纪念碑

些暧昧。岛津贵久表示目前日本正处于战乱之中，前往京都非常危险，而且当前的气候也不适于航海，难以成行，但答应等顺风季节来临后，会尽力给予传教士们援助。然而，岛津贵久最终并没有履行自己的诺言。

虽然这位日本的大名对沙勿略等人表现出了极大的热情和友善，却并非因为对天主教信仰的认可，而是出于他对海外贸易的热切期盼。当时的日本处于战国乱世，增强实力、成就霸业是每一位野心勃勃的大名的首要目标。而九州一带历来是日本对外贸易的重要据点，与明朝政府进行勘合贸易的使船也多由此地起航。但当时勘合贸易被山口领主大内义隆所垄断，加诸明朝施行海禁，禁止一切对外的私人贸易，因此日本商人无法直接与中国通商，故而十分欢迎与葡萄牙人开展的贸易。而传教士们又往往与葡萄牙商人有着非常亲密的交往，所以，如果沙勿略的到来预示着近期内会有葡萄牙商船造访其下辖港口，从而带来巨大的经济利益，那就不难理解岛津贵久极力想留住这位拥有葡萄牙国王使节身份的传教士的心情了。

另外，除了经济利益上的诱惑，西洋火器也是这位领主的目标之一。早在沙勿略一行到达鹿儿岛的 6 年前，也就是 1543 年时，一批葡萄牙人在海上遭遇狂风，漂流到了隶属鹿儿岛的种子岛，他们为日本带去了一种新式的西洋武器，即后来被日本人称为"铁炮"的火绳枪。在此之前，日本人在战场上主要是以刀、枪和弓为武器，而火绳枪在杀伤力上较冷兵器有大幅的提升，因此迅速在日本全国各地流行。为了增强自身的军事力量，一些实力雄厚的日本大名甚至不惜掷重金购买这一新锐武器。

于是，就在与沙勿略会面的短短几天之后，岛津贵久便发布了全日本第一条保护天主教布道活动的法令，并允许其领民自由选择这种新宗教。日本的领主和大名们的这种对经济利益和西洋火器的渴望一直伴随着 16、17 世纪耶稣会在日本布教的整个过程。与贸易、火器的结合也成了耶稣会日本布教的一大特色。许多领主都是出于这些需求，才同意并支持传教士们在自己的领地传教。甚至在一些著名的基督教大名们最初的改宗动机中也不乏对与葡萄牙人的贸易合作，或者获得火器支持的

向日本大名传教的沙勿略（葡萄牙里斯本圣洛克教会博物馆藏）

期盼。

鹿儿岛领主岛津贵久不仅下令允许传教，还要求地方官员给予传教士们保护，以便他们开展传教活动。然而，由于言语不通，传教活动遭遇了很大的阻碍。不会日语的沙勿略等人在传教时只能用拉丁语宣读教义，然后通过弥次郎的翻译向大家说明。但沙勿略等人的奇怪发音和与众不同的外貌，依然引起了不少日本人的抵触和嘲笑。加上他们所宣扬天主教义与日本的本土宗教和文化截然不同，也使当地人对这一外来宗教很难有充分的理解。为了消除这一重大隔阂，传教士们开始努力学习日语。沙勿略等人白天忙于与周围的当地人接触交往，晚上则潜心学习初步的日语，有时为了学习甚至不眠不休。为了更准确地传达天主教义，沙勿略还在弥次郎的帮助下，花费大量时间和精力用日语翻译了第一本教理书。而这可谓是耶稣会对"文化适应"政策的一种早期尝试。

虽然遭遇语言和文化上的重重阻碍，但沙勿略一行依然凭借极大的宗教热情吸引了不少听道者。鹿儿岛的天主教信徒也开始与日俱增，然而他们与领主岛津贵久的关系却突然急转直下。如前所述，岛津贵久之所以愿意支持传教士们的工作，是因为满心期盼与葡萄牙商船开展交易。然而次年，葡萄牙商船来到距离鹿儿岛不远的平户后，却只带去了教会给沙勿略的信件，并没有要开展贸易的意思。希望落空的岛津贵久开始失去耐心，向沙勿略等人不断施压，而在沙勿略表明自己来此的主要目的是传教而非拓展贸易后，岛津贵久更是恼羞成怒，下令禁教，甚至要将所有已经接受天主教义的人处死。

　　顷刻间失去了所有支持的沙勿略决定离开鹿儿岛，继续他上京的计划。1550 年，沙勿略将弥次郎留在鹿儿岛，带领其余随行人员以及两名日本信徒再次踏上了旅程。

西洋佛教与"大日如来"

　　沙勿略一行取道平户、山口，一路艰苦跋涉后终于来到了他们梦寐以求的日本皇都。然而，战国乱世中的京都并不如传教士们所想的那般繁华昌盛，而是一片荒凉与破败。天皇失去了原有的权势，徒留虚名，就连足利幕府的将军足利义藤也没有了往昔的威望。失望之余，沙勿略也认清了日本当时的政治局面，意识到原本计划通过感化皇室而使全国改宗天主教的办法已无法实现。于是，沙勿略决定对其奉行的"上层路线"做一些调整，将传教工作的主要对象从原来的皇室改为那些称霸一方的大名和领主，打算通过劝化各位大名而使其家臣和全体领民入教。先从几个地区突破，然后逐步扩大，最后实现在全日本传教的目标。这一调整也为耶稣会此后在日本的传教工作奠定了基调。之后，在耶稣会士们的不懈努力下，日本诞生了一批实力雄厚的基督教大名。他们的存在对于天主教在日本的发展有着举足轻重的意义。

沙勿略滞鹿纪念碑

　　重新确定了传教目标的沙勿略将拥有极大权势的山口领主大内义隆作为首要传教对象。当时的大内家正处于全盛时期，麾下领地众多且实力雄厚。1536 年起，大内义隆还派出遣明船，重新开启了此前一度中断的与中国的勘合贸易，由此垄断了与中国的贸易，获得巨大收益。然而山口城市繁华，城内生活奢靡，耗资巨大，加上对朝廷政治献金的支出和维持军队的庞大开销，纵有家财万贯，领主大内义隆也开始感受到财政上的沉重压力，亟须寻求一条新的开源之道，而沙勿略一行的到来正好为他创造了一个绝佳的机会。

　　其实沙勿略等人在上京之前便曾到过山口，并与领主大内义隆有过一次不太愉快的会面。会面之初，大内义隆对传教士的态度亲切友好，除了询问有关欧洲与印度的风土人情，他们的航海趣闻外，甚至还耐心地听了一个小时的布道。直到费尔南德斯修士对日本人的偶像崇拜以及同性恋行为进行了批评，从而触及了这位怀有隐衷的大名的逆鳞，最终大内下达逐客令，使这场会面不欢而散。

对于此次沙勿略一行的重新造访，虽然大内义隆对于传教士们此前的无礼心有不满，但考虑他们的到来可能意味着开展日葡贸易的前景，依然同意进行第二次会面。这一次，沙勿略他们为了表达诚意，身着与其大使身份相称的丝绸华服，并向大内进献了来自印度首任主教和印度总督的两封信，以及包括西洋时钟、火枪、望远镜等在内的一共十三件珍贵礼物。大内义隆对这些精美的礼品大为赞叹。作为回报，他爽快答应了沙勿略希望在山口以及大内氏的其他领内传教的愿望，并赠送给传教士们一座寺院——大道寺用于栖身。

之后，大内义隆还颁布了沙勿略一行到达日本后获得的第一份正式传教许可——《大道寺创建裁许状》，告示中称："从西域来朝之僧，为佛法绍隆，可创建彼寺家之由，任请望之旨所令裁许之状如件。"文中，不仅将沙勿略等人描述成西域之僧，更将允许其传教的理由定为"为佛法绍隆"，使传教士与佛僧的区别变得十分模糊。之所以会出现这样的现象，原因之一可能是语言存在障碍，日本人对于天主教本身并没有正确的理解。虽然如前所述，弥次郎曾经协助沙勿略翻译天主教教义书籍，但弥次郎本人教育水平有限，在翻译过程中时常无法找到能够准确描述原文的日语词汇，于是便会借鉴一些广为流传的佛教用语。例如，弥次郎曾建议沙勿略等人用"大日如来"解释"天主"一词，从而造成了极大的误解，使得日本人以为他们是西洋来的佛僧，称他们为"天竺宗"。所以传教之初，传教士们与当地的佛僧之间关系非常微妙。沙勿略等人在鹿儿岛传教时，一开始，由于当地佛僧缺乏对天主教及其教义的正确认识，而将他们误以为是来自印度的同道，因此对传教士们表示欢迎。双方之间还进行了多次友好访问，沙勿略甚至还与当地寺院的一位主持建立了友谊。但是很快，佛僧们的友好便化为了敌意和嫉妒。虽然沙勿略没有记录下具体的原因，但可以料想应该是因为通过进一步的交流，佛僧们意识到传教士们所信奉的天主教与佛教完全不同，甚至教义相悖。加上沙勿略等人受到领主岛津贵久的大力支持和保护，于是佛僧们倍感威胁，开始心生不满和怨恨，转而向传教士们发起攻击。也有学者认为，大内义隆之所以将传教士描述成西域僧人是有意保护他们免受佛僧和佛教徒们的围攻。然而，沙勿略等人在山口传教不久后依然受到了当地禅宗僧侣的强烈排斥和抵抗。

来自佛教的攻击，不论是在日本，还是之后的中国，一直贯穿着天主教传播的整个过程，也是传教工作最大的阻碍之一。当时，日本的佛教极为昌盛，佛僧除了享有很高的社会地位外，还拥有很强的经济实力和地方影响力，而其中最具势力的是禅宗。他们不仅在宗教上拥有很高的声望，还常常与武家贵族有密切的联系。在一些佛教势力强大的领内，佛僧甚至还能经常左右领主的意见。虽然日本的本土宗教神道教的势力也非常庞大，但随着佛教的不断浸透，传统的神道教开始与佛教融合，出现"神佛习和"的现象。当时，许多实力强大的寺院和神社凭借其作为宗教权威的背景，甚至还拥有称为"僧兵"的武装集团，并在战国大名们的霸权争夺之中占有一席之地。所以天主教在日本的传播过程中，虽然自身有意加入天主教，但是迫于领内佛教、神道教势力的反对而一直犹豫不决的领主也屡见不鲜。

不过在山口，大内义隆曾明确表示那些骚扰、伤害外国传教士的行为将遭到严厉的惩罚，所以天主教的传教活动一定程度上得到了保护。在传教士们坚持不懈、热心传教的努力下，终于取得了良好的效果。大批信徒受洗入教，其中不乏出身名门的武家权贵和文化名流。

方济各·沙勿略日本之行的终点

在获得山口领主大内义隆的支持后，沙勿略一直在寻求新的机会进一步拓展教务。从鹿儿岛和山口的传教经验中，沙勿略深刻认识到将传教活动与开展贸易相结合的必要性，并开始

大友宗麟像

有意将贸易作为开拓传教事业的手段和工具。在抵达山口四个多月后，一艘葡萄牙商船在九州东北部丰后国（现大分县地区）的府内城附近靠岸，在船长的建议下，丰后领主大友义镇向沙勿略发出了希望他来访的邀请。

丰后的大友家族从担任镰仓时期的守护大名开始，经历了南北朝、室町时期，并在室町后期蜕变为战国大名，是拥有三百多年历史传统

的武家名门。当时的领主大友义镇，又被称为大友宗麟，是大友家族的第二十一代家督。他不仅是日后一度统领六国、制霸九州的战国大名之一，也是怀有建立基督教王国梦想并为之奋斗的著名基督教大名之一。这一切全都源于大友义镇与沙勿略的会面，而丰后也是沙勿略在日本传教的最后一站。

沙勿略抵达府内后，便受到了大友义镇的热烈欢迎。这次会面甚至比之前沙勿略与大内义隆的第二次会面更为正式和隆重。为了引起大友义镇的重视，葡萄牙人将这次会面装点成葡萄牙国王的使节与日本诸侯的正式会见。沙勿略入城当天，葡萄牙商船上挂满彩旗，礼炮轰鸣以示敬意，甚至还专门组织了仪仗队表示欢迎。如他们所愿，盛大的场面和庄严的列行取得了良好的效果。目睹了这一隆重仪式的大友义镇不由对沙勿略心生敬意。

会面时，大友义镇认真聆听了沙勿略对天主教义的阐释，并爽快许给传教士在自己领内自由布道的权利。但当时这位年轻的领主尚未对天主教产生兴趣，他之所以愿意支持沙勿略的传教活动，同样是出于对开展贸易和获取新式火器的渴望。不过，与沙勿略的这次会面依然给他留下了深刻的印象，27 年后，大友义镇终于下定决心正式加入天主教，受洗时所取的教名"方济各"（Don Francisco），便是为了纪念与沙勿略的这次相会。

在大友的支持和葡萄牙人的资助下，沙勿略在府内的传教工作开展得极为顺利，不但很快便收获了五百多名信徒，还在那里建造了教堂。尽管动机是为了加强与葡萄牙人的联系，并开展贸易，但大友义镇始终对沙勿略表现出了极大的热情。因此，在沙勿略的眼中，这位"大友"领主人如其姓，确为他们一位"伟大的朋友"。

大友义镇对天主教的支持不仅限于自己的领地，还通过家族关系延伸到了山口。在沙勿略离开山口前往府内一个月后，山口领主大内义隆遭到其重臣陶隆房的叛乱。陶隆房以"清君侧"之名起兵，势如破竹。大内义隆被逼无奈只得逃离山口，最终在长门市的大宁寺中携子一同自尽。由于山口内乱，战火连天，留在山口的传教士们不得不暂时逃离，传教活动也一度中断。陶隆房在迫使大内义隆父子自杀后，决定迎接大友义镇之弟、大内义隆的养子晴英为大内家新的家督。虽然大友义镇因担心其弟即便当上大内家的当主，也会为陶隆房所操纵、步大内义隆的后尘而一度反对，但考虑到自家一脉能当上大内家的家督实为家族荣誉，最终同意。那位年轻的新家督不久便改名为大内义长，陶隆房也随之改名为陶晴贤。虽然大内义长不过是陶晴贤的傀儡，并不掌握实权，但他的继位总算标志着战乱的终结，成为传教士们重回山口的契机。大内义长受其兄长大友义镇的影响，对传教士们非常友好，不仅支持传教活动，还协助传教士们在山口修建了教堂大道寺。这座山口的教堂在 6 年后大内义长被厌恶天主教的毛利元就打败之前，一直都是耶稣会士们在日本传教的据点。而大内义长颁布的"耶稣会裁许状"还被做成了山口沙勿略公园的铜板纪念碑，作为证明当时山口与天主教关系的贵重史料一直保留至今。

山口耶稣会裁许状碑

　　通过领主、大名家族关系的信仰传播一直都是 16 世纪天主教在日本传播过程中的重要形式之一。许多大名在加入天主教，或对天主教产生好感后，往往都会要求自己的配偶、子女、子女的配偶及其他亲属等与他们一同接受信仰。而他们的子嗣、女婿或其他男性亲属常常自身也拥有一些领地，是一方大名或是某个大名的重要家臣。他们的奉教则能进一步促使其领民的入教，从而大大扩展天主教的传教范围。另外，在当时，像大内义长这样因为政治原因而继承其他家族家督的事例也不在少数。当对天主教友好的大名成为另一家族的当主之后，他们对天主教的支持便能随之延续到新的领地。这也是耶稣会奉行的"上层路线"传教方针在日本所取得的成果。然而，这种通过家族关系的信仰传递也时常遇到问题。例如，大友义镇的妻子奈多夫人出身神道之家，笃信神佛的她自始至终对天主教极为厌恶，对传教士处处为难。大友义镇在接受天主教信仰后，曾长期对于是否正式受洗入教一事犹豫不决，一方面便是因为来自妻子的压力。最终，大友义镇因为信仰不和而与妻子离异。另外一些信奉基督教的大名子女虽然因为父亲的影响受洗入教，但并非真心接受信仰，一旦政局发生变化便立即弃教，甚至转而迫害天主教徒。由于这些领主在其领地所拥有的权威与影响力，他们的态度往往能左右天主教在这些地区的发展和存续。

离日朝中

在山口与丰后大名们的鼎力支持下，耶稣会士们的传教活动得以顺利开展，传教事业也终于开始步入正轨。然而就在这个时候，沙勿略突然决定结束他的日本之旅，搭乘那艘停泊丰后的葡萄牙商船返回印度。正巧当时大友义镇为了进一步巩固与葡萄牙人的关系，主动向印度总督派遣访问使者。于是沙勿略携同大友义镇的使者，以及另外几位日本籍教徒，于1551年11月乘坐葡萄牙商船，取道马六甲返回果阿。

关于沙勿略离开日本的原因，学界有众多猜测。有学者认为沙勿略的离去是因为深感传教人员的不足，因此想回到耶稣会在果阿的基地挑选更多适合来日传教的教士，或是为了向罗马教皇以及葡萄牙国王报告他对日本近两年的考察，以便获得更多的财政支持。不管他返回果阿的目的是什么，可以确定的是当时沙勿略原本打算短期之内便重返日本，所以他临行前曾向日本的支持者们承诺，不久便会重回他们身边。虽然这一诺言最终未能实现。也有学者推测沙勿略因为看到天主教在山口和府内的良好开端，认为日本传教事业的基础已经打好，可以放心交给其他传教士，而他自己则可以暂别此地，开拓下一个新目标。且不论当时沙勿略对天主教在日本的发展前景是否感到如此乐观，新目标的确立却是毫无疑问的。这个新目标便是中国。

经历了三个多月的航行后，沙勿略一行于 1552 年 2 月抵达了印度教区的总部果阿。沙勿略返回印度之后便立即开始为他们日后在中国的传教活动进行其他各种准备工作，例如寻找适合的同伴，向商人募集资金等。在炙热的宗教激情驱使下，沙勿略在短短的 3 个月后便决定启程前往中国，踏上他人生的最后一段旅途。

关于沙勿略匆匆离开日本，奔赴中国传教的原因，中外学界有一个流传最广的解释，那就是沙勿略在日本近两年的传教活动中，深感中国文化对日本的影响之深，所以认为，如果要彻底感化日本，则必须率先征服中国。

当时中国文化对于日本的影响毋庸置疑。16 世纪的日本，虽然已不像奈良时期那样全面学习唐朝，但在礼仪、思想、政治制度上，依然对中国有一定的借鉴和学习。沙勿略也曾在书信中提到，日本人认为中国人颇具智慧，所以当他有一次在鹿儿岛向日本人解释天主教的律法和创始说时，受到日本人的反问称："如果你们的宗教确为真理，那为何中国人对此不知？"这一著名的质问，长期以来一直被认为是促使沙勿略决定前往中国传教的重要原因和契机。也正是根据这一点，沙勿略的中国传教计划一直被中外学者认为是萌发于他在日本的传教过程之中，即认定沙勿略是到达日本之后，才开始慢慢有了赴华传教之意。

沙勿略与鹿儿岛领主岛津贵久会面点

　　然而近年，关于这一点出现了不同的意见。一些学者注意到，沙勿略从1546年起就开始关注中国，并对这一东方文明古国产生了浓厚的兴趣。并且，耶稣会在果阿向弥次郎收集的日本与东亚的情报中也有不少关于中国的内容，包括宗教信仰和贸易情况。而在1548年，沙勿略不仅在写给罗耀拉的信中提到将"福音"传至中国一事，还向当时的印度总督提交了一份颇为详细的关于中国情况的专题研究报告，或许就是为了说服总督支持当时还在酝酿之中的向中国传道事业。次年，沙勿略又在写给其同会密友的信中再次提出前往中国的设想，并表现出极大的热情，将之称为"神的旨意"。可见，沙勿略前往中国传教的计划早在他前往日本之前便已成形。

那么，沙勿略为何最终没有选择距离印度更近的中国，而是决定率先远征日本呢？

有学者认为主要是出于天气原因。具体而言，便是当时的季候风不适合出航前往中国。而季候风是当时出海航行时需要考虑的最重要因素之一。

也有学者认为，沙勿略与弥次郎的结识是沙勿略最终选择前往日本的重要原因之一。正是有了弥次郎作为翻译，不通日语的沙勿略一行才得以开展传教工作。

另外，还有学者通过对沙勿略赴日之前的两国情势以及在沙勿略日本传教过程中的种种细节进行分析，提出了以下几种假设：由于1519至1520年间，葡萄牙人曾与中国开战，导致中葡两国关系不和。加上倭寇之患，明朝政府实行海禁，闭关锁国，外国人无法轻易入境，中国人也不得西行。然而为了利润，仍有海商铤而走险，导致1548至1549年两艘葡萄牙商船被中国政府查收，使两国进一步交恶。由于中国之旅难以成行，所以沙勿略前往日本实属无奈的权宜之计，又或许沙勿略前往日本的真正目的是利用中日两国频繁往来的联系，借在日本传教的同时考察进入中国的其他途径。这就解释了为什么沙勿略刚到鹿儿岛时尽管受到了领主岛津贵久的热情款待，仍执意要求上京传教。而且，沙勿略在日本传教时，身边一直伴有一位中国仆人。在离开鹿儿岛前往京都时，沙勿略留下了弥次郎，却依然带着这位不会日语的中国仆人。或许他的真正目的除了希望能劝化天皇，推行天主教之外，还有在京都获取合法

山口沙勿略纪念公园

商人的证书，以便进入中国传教。此外，还有一种更为大胆的假设：沙勿略或许有意将日本作为试验，通过在日本的传教经验，摸索总结出适用于中国的传教模式。所以他才会在天主教在山口和府内初有所成时，急匆匆地离开日本，奔赴中国。

不论沙勿略在日本传教时到底怀着怎样的心态，有一点是毫无疑问的，那就是耶稣会在日本的传教与在中国的传教并非单独存在，而是紧密相连的。无论是有意还是无意，沙勿略一行在日本的传教都为耶稣会日后在中国的传教活动提供了宝贵经验。

病逝上川岛

　　1552 年 4 月，沙勿略带着三位随行人员，乘坐葡萄牙海商迪奥戈·佩雷拉（Diogo Pereira）的商船踏上了前往中国的旅程。这三位同伴之中，除了两位仆人（一位印度籍仆人，一位中国籍仆人）外，还有一位即将转道前往日本传教的神父。这样的人员配备与当初他们前往日本传教时的阵容相比显得单薄很多。其中原因或许是考虑这次旅途的风险，会内许多神父并不支持沙勿略的这一计划。甚至罗耀拉在听闻沙勿略的中国之行计划后，也曾试图写信婉言劝说沙勿略留在印度，转派其他更熟悉中国情况的人前往。然而，由于当时通讯不便，沙勿略早在罗耀拉此信寄出半年之前便已去世了。

　　虽然入华传教的计划在沙勿略心中已经酝酿了数年之久，但显然沙勿略对这次中国之旅的准备并不够充分。面对中国严酷的海禁政策、复杂的政治结构，以及语言、文化上的重重障碍，光凭他在日本的经验以及从商人及他的中国仆人那里听来的浅薄见闻是远远不够的。纵使沙勿略满怀一腔热情，也无法改变他这次无望之旅的悲剧命运。

沙勿略的这次旅程自始至终充满了险阻。先是在从科钦到马六甲的航行中遇到剧烈的风暴，在他经历千辛万苦到达马六甲后，又遭到了自己同胞的阻挠。沙勿略原打算以自己作为教廷大使，迪奥戈作为葡萄牙国王使节的身份进入中国。结果却发现自己忘了携带能够证明自己教廷大使身份的信件。当时担任马六甲要塞的海上总司令官的阿尔瓦罗（Alvaro de Ataide da Gama）因为与迪奥戈之间存在私人恩怨，于是拒绝承认沙勿略的教廷大使身份，不肯放行迪奥戈的船只。阿尔瓦罗的还要求迪奥戈卸去国王使节的身份，替换船队的成员，并将他们原本打算进献给中国皇帝的礼物扣留在了马六甲。阿尔瓦罗的公报私仇对于沙勿略的入华计划而言是一次致命的打击。失去了使节的身份和使团的掩护，进入中国的可能也随之化为泡影。

然而，沙勿略却并不甘愿就此放弃。同年 7 月，沙勿略毅然乘坐迪奥戈的商船离开马六甲，8 月到达珠江口外的上川岛，希望能在那里继续寻找进入中国内地的可能。由于上川岛距离广东很近，岛上有不少来自广东的商人。迪奥戈在与这些广东商人做生意的同时，也曾热心地与他们交涉，希望他们能够带沙勿略进入内地。然而，中国商人们明确告诉他们，如果没有朝廷颁发的入境许可，任何人都不得进入国境。因为害怕被官府发现，所以纵使沙勿略等人出再高的价钱，这些商人们也不敢私自带他入境。

最后陪伴沙勿略的只有他的两位仆人，据说那位中国籍仆人由于常年居于海外甚至已经忘了如何说汉语，所以也无法胜任翻译的工作。在四个多月的漫长等待中，原本满怀希望的沙勿略开始渐渐感到绝望和无助。受到重重压力折磨的他终于不堪重负，发起高烧并持续不退。终于，年仅 46 岁的沙勿略于 1552 年 12 月在上川岛上病逝，留下了最终未能踏入中国内地的深深遗憾。

沙勿略虽未能实现入华传教的夙愿，但他在日本的传教经验对此后耶稣会在中国的传教产生了深远影响。如果单从收获的教徒数量上看，与之后在日本和中国传教的耶稣会士们相比，沙勿略一行在日本的传教成果或许称不上非常成功。然而，沙勿略却凭借自己的经验对之后传教方式做出了重要的调整。首先，他认识到日本和中国拥有自己独特且发展较为完备的文化体系，并对自己的文化有强烈的自豪感，不会轻易接受或认同外来的异文化。想要在这样的国家传播与其文化完全异质的天主教，则必须率先学习当地语言，适应当地文化，以当地人更易接受的方式传达教义。虽然当时"文化适应"方针尚未正式成形，但沙勿略一行在日本所做的努力和实践无疑为日后打下了基础。

其次，沙勿略对当时日本的政治形势与社会格局有了更为明确的认识。他意识到在战国乱世中一味谋求日本皇室的承认是徒劳无望的，想要让天主教在日本获得切实的发展，就需要得到掌握实权的地方大名的支持。于是沙勿略将"上层路线"方针的对象从日本的天皇改为各地的领主、大名。由此，与领主和大名们的交往便成了之后的耶稣会士们在日本传教的工作重心。这样的调整在耶稣会日后在中国的传教活动中也有所体现，不过由于政治格局不同，对象从领主、大名变成了中国的文人士大夫。

第三，沙勿略发现想要打开局面，获得当地人士的支持，单靠宣扬教义是不够的，要学会变通，懂得投其所好，利用一些辅助工具作为传教的先导，从而达到双赢的目的。在日本，沙勿略等人通过与渴望经济利益的大名缔结贸易契约，换取他们对传教的许可和支持。这种行

圣沙勿略之死（西班牙萨拉戈萨美术馆藏）

之有效的做法奠定了此后耶稣会士们在日本的传教模式。而在中国，耶稣会士们则以西洋科学为道具，成功博得了一大批文人士大夫的注意及好感，为他们传教之路做了良好铺垫。

这位"东方宗徒"在远东地区的传教实践和策略调整为耶稣会日后的工作奠定了坚实基础，也对教会工作的方方面面产生了深刻的影响。虽然他最终未能实现进入中国的梦想，但他的遗愿和他的精神并没有被他的后辈们忘记。30年后的1582年，以利玛窦（Matteo Ricci）为代表的一批耶稣会传教士经过不懈努力，终于实现了他的夙愿，成功进入中国内地，创建了耶稣会在华传教的开端。

第二章

从沙勿略时代开始，严酷的海禁政策和中国人华夷之防的排外心理，便犹如一块巨大的磐石，紧紧堵住了明朝的大门，把试图进入中国境内的耶稣会士们阻挡在外。然而，经过传教士们长达数十年的不懈努力，这块磐石终于裂开了一丝缝隙。1582 年，以利玛窦为代表的第一批在华耶稣会士们获得了两广总督的准许，正式开始在当地传教。

序幕揭开——利玛窦入华

利玛窦

利玛窦与沙勿略之间似乎有着某种神奇的联系，沙勿略的遗愿好似注定要在利玛窦身上实现。1552 年，第一个做出入华尝试的耶稣会士沙勿略在上川岛满怀遗憾，抱病离世。同年，在意大利的罗马教皇领地，未来将肩负耶稣会在华传教大业的利玛窦诞生了。30 年后，利玛窦来到耶稣会向中国内地传教的基地 —— 澳门，穿越了曾经阻挡沙勿略的广东省海岸，成功进入了中国内地。不仅如此，利玛窦还于 1601 年顺利进入都城北京，奉万历皇帝之召进入皇宫。虽然并没有真正见到皇帝本人，但此举打开了明王朝延续两百多年的所谓"外国人不得在京居住"的法律缺口。最后，利玛窦从万历帝那里获得了传教士在皇都的居住权，去世后还获得了御赐墓地，成为第一个留葬北京的外国人。可以说，沙勿略的遗愿在他这里得到了最完整、最彻底的实现。

利玛窦出生于意大利马切拉塔之当地名门，家境富裕，其

利玛窦画像（罗马耶稣会总会耶稣堂藏）

家族主要经营药品生意。利玛窦的父亲还曾出任当地的市长和省长。由于全家都是虔诚的天主教教徒，利玛窦自年幼时便受天主教信仰的熏陶。他与耶稣会有着很深的缘分。从 9 岁起，他就进入当地一家由耶稣会创办的学校读书。在上完该校的七年制课程后，利玛窦又在学校学习了古典拉丁语和文学课程，与此同时，他也接受了关于数学和其他科学的教育。1568 年，由于成绩优异，年仅 16 岁的利玛窦被送往罗马继续深造，主攻法学。学习之余，他也积极投入宗教活动，加入了该学院成立不久的"童贞圣母会"。在日益增强的宗教热情驱使下，利玛窦终于在他来到罗马的第三年立志加入耶稣会。由于耶稣会士需要誓守清贫，希望儿子过上安逸生活的父亲曾一度对利玛窦这一决定表示反对。然而，利玛窦并未因此改变心意，于同年进入同在罗马的圣安德烈耶稣会初学院（Sant'Andrea al Quirinale）学习。

在罗马求学时，利玛窦几乎把所有时间都用在研究对传教事业必要的各种专业知识上。初学院借鉴了沙勿略曾经就读的巴黎大学的课程设置，以修辞学和哲学作为最主要的必修课程。这里所谓的"哲学"，不仅包括狭义的哲学，还包括数学、天文学、地图制作法等各种科学学科。利玛窦在初学院进修期间，还曾受教于伽利略的好友、著名的数学家克拉维奥神父（Christopher Clavius），所以对数学、地理、天文学都颇为精通。当时的利玛窦绝不会想到自己在科学上的造诣会对他日后在中国的传教起到极为关键的作用。

耶稣会的教育训练带给利玛窦的另一项技能就是日后他让中国士大夫颇为震惊的超凡记忆力。在中国传教时，作为一名来华不久的西洋人，利玛窦不仅迅速学会了中文，更能熟记中国的四书五经等经书典籍，甚至可以倒背如流，引得中国的文人士大夫对他过目不忘的神奇本领大为赞叹。利玛窦还曾应江西巡抚陆万垓的要求专门写了一本《西国记法》，详细介绍了他的这套依靠空间和意象来构建记忆的独特方法。其实，这样的记忆方法在当时的欧洲并不罕见，尤其受到很多 16 世纪神学家

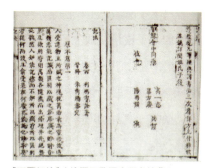

《西国记法》（法国巴黎国家图书馆藏）

们的认可。耶稣会的创始人罗耀拉就非常强调这种"记忆的生动重构",甚至还把它写入了后来成为耶稣会会规基础的《神操》之中,于是,这种记忆法就成了耶稣会士们宗教训练的重要内容,原本就天赋过人的利玛窦更是在传教中将这种记忆法演绎得淋漓尽致。虽然中国的文人士大夫最终也没能学会这一复杂的记忆法,但却加深了对这位西洋人的敬意,以及对天主教的好奇。

在初学院学习时,利玛窦便对远东传教产生了浓厚兴趣,但是当时他的目标不是中国,而是印度。1578 年,26 岁的利玛窦和他日后在华传教的伙伴罗明坚(Michele Ruggieri)等 14 名耶稣会士从里斯本乘船出发,6 个月后到达印度果阿。在那里,利玛窦一边继续他未修完的神学课程,一边在印度和交趾支那(今越南南部)传教。在这段时期,利玛窦意识到,为了使当地人更友好地与传教士交往,更好地理解天主教义,应当允许并鼓励他们学习哲学、教理和神学等欧洲文化,这也是利玛窦进入中国后所持的态度,并终其一生维持着这个观点。而这种相互尊重的精神,也帮助利玛窦在中国赢得了众多文人士大夫的友谊与敬佩。

利玛窦在印度和交趾传教过程中表现出了极大的传教热情,以及能迅速适应新环境的优秀特质。很快,他的出色表现便受到了会内的认可,1580 年,在印度西南部的科钦,利玛窦终于如愿从修道士升为司铎(神父)。次年,罗明坚向当时担任东方总巡察使的范礼安(Alessandro Valignano)举荐了利玛窦。受到范礼安肯定后，利玛窦迎来了决定他一生命运的重要时刻。1582 年，利玛窦受召前往澳门，带着他在耶稣会学院学到的神学和科学知识，以及在印度和交趾支那的传教经验，开始了他长达 12 年的中国之旅。

葡萄牙 "飞地" —— 澳门

　　为什么三十年前曾经横在沙勿略面前的那道坚实的屏障，却在利玛窦这里打开了一条缝隙？这与葡萄牙人此前长期在澳门这块土地上居住有着很大的关系。

　　1552 年，沙勿略乘坐葡萄牙商船试图进入中国内地，失败后在上川岛病逝。次年，葡萄牙籍商人的船触礁，通过贿赂广东海道副使汪柏，获准在澳门岸上借地卸货，并搭棚暂住。随后，通过每年贿赂广东官吏 500 两白银，葡萄牙人于 1557 年获得了在澳门的居留权。1572 年，在葡萄牙人例行向广东官员行贿时，正好有其他中国官员在场。为了证明这笔银两的正当性，广东官员称其为葡萄牙人向朝廷交纳的 "地租银"。于是，从那一年起，葡萄牙人开始正式向中国朝廷交纳地租。这样一来，葡萄牙人在澳门的居留权从受到地方上的认可，变为国家认可。此后，葡萄牙人开始在澳门实行自治，由代表广东当局的地方官员、葡萄牙商船的船长和居民代表组成了评议会，同时还建立了一支小型警卫队，甚至还设立了海关，向停泊澳门的葡萄牙及外国船只征收关税。

随着葡萄牙人的到来，澳门面貌发生了很大的变化。葡萄牙商人们不仅与中国人开展贸易，彼此之间还逐渐开始通婚，天主教也在澳门迅速发展起来。1562 年，天主教会在澳门建立了最初的三座教堂：望德圣母堂、顺风堂和圣安多尼教堂。当时澳门的天主教会还隶属于马六甲教区。3 年后，开始陆续有耶稣会士进入澳门居住。1568 年，耶稣会士贾耐劳（D. Melchior Carneiro）主教被派到澳门主持教务。在贾耐劳主教的领导下，澳门教务得到了进一步的发展，不仅建立了救助普通穷苦民众的慈善机构仁慈堂，还成立了亚洲第一间以西方医学救治病患的西式医院——圣拉菲医院（Hospital de Saint Rafael），俗称白马行医院。1576 年，罗马教皇宣布将澳门从马六甲教区独立出来，成为天主教澳门教区，它也是东亚第一个成立的天主教区。在单独成立教区之前，中国、日本、越南等地的教务也曾一度被纳入到澳门教区的管辖范围之中。

范礼安作为东方总巡察使，澳门也是他的视察对象之一。因此，1578 年，在他前往日本之前，曾经在澳门停留了 10 个月。在澳门，范礼安发现当地一些耶稣会传教士要求他们的中国信徒一律要学葡萄牙语，取葡萄牙名字，甚至连生活方式也要葡萄牙化，所以当地的天主教徒之中依然以葡萄牙人为主。很可能有感于沙勿略在日本时的经验，范礼安认为这样全盘西化的传教方式并不妥当，也难以获得良好的成效，应当被抛弃。他提倡让传教士们学习本土语言，了解本土文化，尊重本土风俗，认为只有这样才有利于天主教的发展。他的这一指示，不仅巩固了沙勿略在日本总结的传教经验，更奠定了之后耶稣会在日本和中国传教时采取"文化适应"策略的基调。

　　范礼安离开澳门之前，曾向果阿致信，请求派遣一名合适的传教士前来澳门，主要学习汉语，为进入中国传教做准备。这一重任最终落到了罗明坚身上。罗明坚于1579年到达澳门后，便开始排除万难，学习汉语。虽然已经36岁的罗明坚早已过了学习语言最适合的年龄，但在他坚持不懈的努力下，终于掌握了汉语的基本知识和会话能力。学习语言同时，罗明坚也很注重遵守中国的礼仪。当地的中国官员对这位善讲华语又懂规矩的西洋人颇有好感，常常给予他一些优待。勤勉知礼的罗明坚最后甚至还获得了两广总督的信任。那位总督不仅给了罗明坚在内地的居留权，据说总督还曾经带领自己的副手和军事长官出席罗明坚主持的弥撒。罗明坚的这些努力为耶稣会士在不久之后真正进入中国内地打下了必要的基础。

　　这种传教方式上的改变虽然在中国官员那里取得了良好的效果，但一开始并不被罗明坚在澳门的耶稣会同僚们所认同。那些怀着"欧洲中心主义"传统思想的传教士们认为学习中文纯粹是浪费时间，觉得罗明坚应该把更多的精力放在教务工作上。于是，澳门的耶稣会会长带头反对这一方针，并多次阻挠罗明坚学习中文。幸好，当时在日本考察的范礼安听闻此事之后立即干预，调走了那位会长，并重申了改变传教方式的必要性，要求其他会士也全力支持罗明坚的学习。

想要打开中国紧闭的大门，罗明坚还需要更多得力的帮手。于是，他向范礼安推荐了曾与他在果阿共事过的利玛窦。范礼安曾在耶稣会初学院任教，并担任过初学修士们的导师，在那时曾与利玛窦有过接触，利玛窦的优秀品质给范礼安留下了良好印象。在范礼安的首肯下，利玛窦被派往了耶稣会在远东传教的最前线。

澳门望德圣母堂

定居肇庆

对于以罗明坚和利玛窦为代表的第一批在华耶稣会士的努力，之后来华的传教士曾德昭（Alvaro Semedo）在他撰写的《大中国志》中这样评价道：

> （他们）就像那房屋的奠基石，承担着奠基的重量。他们经历的艰难、困苦和折磨，都超过我会任何传教工作曾感受到的。因为除欧洲之外，在遥远和陌生的国家传播新的宗教，语言、风俗、交流、饮食等方面的困难，都不是一般的，所以困难必定很多。而在中国传教所遇到的苦难又超过所有其他地方。

除了被传教士们称为"世界上最难学的"汉语带来的巨大障碍之外，中国复杂的官场也让传教士们进入内地之路变得异常曲折。1582年，在西班牙籍耶稣会士桑切斯（Alonso Sanchez）的率领下一批西班牙人在福建登陆，随后来到广东。这批外国人的到来让政府当局感到不安，于是将他们抓捕起来。随后，两广总督陈瑞命人传召澳门教区的主教和澳门的葡萄牙人长官一起到肇庆总督关衙议事。由于担心陈瑞此举来意不善，善讲汉语的罗明坚被安排代替主教出席。罗明坚此行给总督陈瑞留下了极好印象，他甚至还邀请罗明坚前往肇庆定居。这其中的缘由，应该跟罗明坚送给陈瑞的珍贵礼物有着很大关系。据说，罗明坚曾向陈瑞献上一份礼单，其"价值超过一千金币"。高额的礼物博得了这位贪婪的高官欢心，换来了罗明坚在内地的居留权。最终中国政府也同意释放这批西班牙人，但条件是不准他们以后再来。由于利玛窦当时刚到澳门不久，还在学习语言，于是，罗明坚便带着被范礼安派来协助他工作的另一名耶稣会士巴范济（Francesco Pasio）一同返回肇庆。

原以为进入内地之门就此打开，却未料想这位两广总督不久之后受到仇家弹劾，官职被免。由于惧怕继任者指责他把外夷引入国内，陈瑞离任之前赶紧派人驱赶传教士，于是，罗明坚和巴范济又被强行逐回澳门。这次波折给耶稣会入华的信心造成了不小打击，未几，巴范济神父便受到会上指示，被派往日本传教。这样一来，与罗明坚并肩奋斗的伙伴只剩下了利玛窦一人。

　　被逐回澳门之后，罗明坚和利玛窦又做了几次尝试，但均以失败告终。然而，6个月后，奇迹突然降临，与罗明坚此前有过交往的肇庆知府王泮为他们带来了好消息：新任

明《三才图会》中《山海舆地全图》复制本（英属哥伦比亚大学亚洲图书馆藏）

两广总督同意他们在肇庆建造住房和教堂的申请。他们能获得这位新任总督的准许，应该与这位知府王泮的支持不无关系。罗明坚在与中国官员的交往中常常谈及西洋文化及科学，介绍各种神奇的西洋器物，例如自鸣钟、三棱镜等。王泮是一位开明的官员，通过罗明坚的介绍，他对西方文化和科学产生了浓厚的兴趣，也正是王泮于万历十二年（1584），出资刊行了利玛窦绘制的世界地图 ——《山海舆地全图》。传教士们带来的西洋科学为中国的文人士大夫打开了新世界的大门，成功博得了他们的好感。而这些士大夫的支持与帮助对于利玛窦等人能在中国定居、天主教能在中国有之后的发展也起到了至关重要的作用。王泮的支持，可以说是耶稣会士奉行的"上层路线"方针在中国取得的最初效果。

　　由此，经历了数十年的努力，耶稣会士终于正式进入了中

仙花寺遗址

国内地。进入肇庆之后，罗明坚和利玛窦在那里建造了一所房屋，又兼教堂之用，称为"仙花寺"。为了让当地人更容易接受，他们有意按照中国的方式进行设计，建为一间厅堂和两排厢房。厅堂作为礼拜堂，东西两排厢房作为传教士的卧室、会客室和图书室。

作为他们工作的开端，罗明坚和利玛窦尽自己所能，将主祷文、十诫等教义翻译成中文。汉语学习已初有所成的罗明坚神父还用中文撰写了一本教理书《天主圣教实录》，该书被认为是西洋人用中文编写的第一本基督教神学著作。虽然这本汉文著作的影响远不如利玛窦之后编写的《天主实义》大，但罗明坚由此开创了用汉文著述的方式解释天主教理的先河。而这成了此后耶稣会士向中国知识分子传达教义最重要、最有效的方式之一。

利玛窦在肇庆住了 6 年。在此期间，他刻苦学习汉语以及中国的典籍，逐渐开始可以听懂中国信徒的忏悔，不用翻译可直接与中国人交谈，甚至可以用汉语布道。在肇庆时，虽然传教士们受到官员的保护，但普通民众对于这些长相奇怪的西洋人时常抱有敌意，向传教士们的房屋屋顶扔掷石头，甚至向官府诬告传教士行为不端。然而另一方面，一些有身份的文人却对传教士们非常尊敬，前往拜访教堂时也都是彬彬有礼，甚至外省的一些官员也开始对这些新来的西洋人产生兴趣，并被吸引。

在此期间，罗明坚获得了一个前往当时已经荣升岭西按察司副使的王泮的家乡——绍兴的机会。于是，他将利玛窦留在肇庆，带着一名新派来的传教士一同前往。在那里，传教士们取得了喜人的成绩，在复活节那天，王泮的父亲正式受洗入教。然而，对江南士大夫了解不深的罗明坚一行最终还是未能在浙江定居，几经辗转后，返回肇庆。由于在中国的传教才刚刚起步，虽然传教士们与一些中国的文人士大夫缔结了友谊，并在传教活动中获得了他们的支持，但当时除了王泮的父亲之外，受洗入教的信徒中没有其他地位更加显要的人物。不过，王泮本人虽然没有入教，却曾经因为希望获得男性子嗣，而请传教士替他向上帝祈祷。因此，神父们送给他一副圣母像，据说他一直虔诚地保存在家里。像这样的世俗需求其实是很多中国民众，甚至包括士大夫接触天主教的契机。

这6年间，传教士们取得了很大进步。可以说传教士们在1579年设想的计划已经逐步实现：通过学习汉语和中国文学，传教士们赢了一些官员的好感和尊重；通过展现新奇的西洋器物，一些文人士大夫开始为欧洲文明和基督教的人文主义所打动。在这些官员的庇护下，他们得以在肇庆定居。虽然还不敢大张旗鼓地公开传教，但传教士们依然收获了四十多名教徒。这个数字与别处相比，或许显得微不足道，根据法国耶稣会士裴化行（Hery Bernard）的整理，单在 1587 年，印度就有八千多人受洗皈依天主教，而日本的新入教信徒甚至达到了两万人。然而在中国，这却意味着一个良好开端，说明传教士的努力开始有了回报，也代表了在华天主教教务发展的正式起步。

僧服到儒服

在肇庆，利玛窦和他的同伴也遇到了一个沙勿略等人当时在日本曾遇到的问题 —— 身份认同。正如上一章中所述，沙勿略在鹿儿岛时曾被当地的和尚认为是印度来的僧人。当地人将天主教视为佛教的一支，并称其为"天竺宗"。同样，罗明坚、利玛窦等人最初在中国也被认为是来自天竺的佛僧。其中最主要的原因之一就是不论是沙勿略还是罗明坚、利玛窦，都是先从耶稣会在远东地区的根据地 —— 印度果阿出发，前往日本和中国的。当时，印度在中国和日本都被称为"天竺"。印度又是佛教的发祥地，所以当沙勿略等人表明自己是从印度出发来到此地传教后，对于天主教毫无概念的东方人很容易会误以为他们是佛教的一支。

不过，利玛窦等人在中国确实曾一度将服装完全改为中国僧人的打扮。他们这么做的契机就是进入肇庆定居前与两广总督的那次会面。从罗明坚和巴范济向上级汇报的信件中可以得知，他们在与两广总督会面之前，曾先向对他们态度友好的广州都司咨询意见。广州都司告诉他们，总督和所有其他官员都希望他们能穿北京"神父"的服装，也就是希望将他们同化为中国的僧侣。当时，罗明坚和巴范济都一致认为，要想在中国获得社会地位，没有比这个更好的办法了。于是，他们就让大家把头发和胡子全都剃去，并且穿上佛僧的袈裟，以西洋僧人的身份在肇庆活动。

广州都司会做出这样的建议很容易理解。首先，对于这些西洋人和他们所宣扬的宗教，总督并不十分了解。由于担心引起中国官方的戒备，罗明坚等人一直向中国官员们强调自己是因为"仰慕中国帝国之名"而远渡重洋来到这里，对于传教的事则只字未提。所以总督并不清楚传教士们的来历和目的。其次，从他个人的立场出发，将这些西洋人归入佛僧，而不是其他可疑的身份的话，将为他省去很大麻烦。而罗明坚等人之所以会欣然接受这一建议，则可能是受了耶稣会在日本传教的经验影响。对于中国佛僧的社会地位尚未有清楚认识的罗明坚和巴范济误以为中国的和尚一定像日本的僧人一样备受尊敬，拥有很高的社会地位。所以他们将穿上僧服作为接触上层士人的重要方式之一。

不仅仅是打扮，甚至连最初的传教活动也曾按照佛教的模式进行。例如罗明坚神父在前往浙江绍兴传教时，便与佛僧们一起住在寺庙中，在那里布道。但是传教士们逐渐发现中国的和尚并不如他们以为的那样受人尊敬，而是一种地位较为低下的社会阶层。对于利玛窦在肇庆居住时的待遇，范礼安曾这样描述：参见官员的时候必须全程跪拜；一度被怀疑为澳门的葡萄牙人派来的奸细；寓所被认为是佛寺，人人可以进入，官吏甚至可以在那里设宴招待不受欢迎的宾客。利玛窦也在之后的信件中描述了他对中国佛教的认识：在中国的三大宗教——儒、释、道之中，"释可说是地位最低的一个，他们不结婚，每日在寺中念经礼佛，多不读书，可谓是低级百姓之一……我们既称僧人，很容易被认为和僧人是一丘之貉，因此学者多次不愿我们参加他们的聚会"。

在意识到以佛僧的身份不仅不能达成他们预先期待的效果，反而容易遭人误解，不利于传教之后，传教士们便开始极力试图澄清这一误会。他们一方面通过将教理翻译成中文，例如之前提到的《天主圣教实录》，一方面寻找各种机会向周围的人解释各种天主教概念和教理教义。然而，纵使传教士努力区分天主教义和佛教理论，他们还是被中国人称为"僧"，教皇则被称为"大僧"。

其实，当时在很多中国人心里，传教士们除了是来自西域的"番僧"，更有一层神秘的色彩——掌握了"点石成金"术的炼金术师。人们认为，过着隐修生活，又不向任何人化缘的传教士们之所以会有资金建造寓所、教堂，并且经常能拿出一些从未见过的神奇宝物，一定是因为他们能通过炼金术变出金银。当时，这样的传闻非常流行。以至于出现了一些慕名前来学习炼金术的人，瞿汝夔就是当中最著名的一个。

明神宗像（故宫博物院藏）

瞿汝夔，字太素，是尚书瞿景淳的次子。年轻时因与兄长之妻通奸而被逐出家门。之后依靠父亲生前留下的人脉，借助官员们的馈赠为生。同时他还沾染了各种恶习，对炼金术尤其狂热。利玛窦在韶州时，瞿汝夔专程前去拜师，但在与利玛窦深入交往之后，他终于放弃了学习炼金术的念头，转而投入了科学研究之中。正是在这位瞿汝夔的建议下，利玛窦决定蓄须留发，改易僧服，换上儒服，以西洋儒士的形象示人。随后，利玛窦与从日本返回澳门的范礼安商讨了改易服装以改变身份标志的想法，对此范礼安表示大力支持，并应允上报总会长。1594 年 7 月，罗马教廷正式同意了在华耶稣会士改穿儒服的主张。为了改变中国人对他们的印象，除了留长胡须，改换儒服，戴上方巾，传教士还让他们的仆人和学生称他们为"先生"，出门时改乘轿子。

从此之后，传教士们便开始以"西儒"的身份，与中国的文人学士交往，这一策略获得了显著收效。在1595年利玛窦写给罗马总会长的信中，他提到：身份改变之后，"显贵和官吏多喜欢和我们往来……自我开始称'儒家'后，现在很少人再以'僧人'看待我们了"，这一身份上的重大转型为传教士们大大拓宽了之后的布道之路。

漫漫上京

利玛窦在肇庆相对安稳地度过了 6 年。1588 年，时任两广总督突然得病去世，该职位由原广西巡抚刘继文继任。这位传统而又迷信的官员认为上任总督官邸刚刚死过人，不太吉利，便想要另选一处他认为风水好的地方。结果，利玛窦他们居住的仙花寺成了他的目标。这位总督以"华夷之防"为由，把传教士们全都赶回了澳门。然而，为了避开贪污之名，利玛窦他们刚离开那里不到一天，总督又重新派船把他们请回去，并提出购买他们的宅院，但他给出的价钱只相当于实际价格的十分之一。利玛窦并未接受这样的交易，也没有收取总督的一分一文，但换取了刘继文同意他们移居韶州的批文。韶州虽然不比肇庆繁华，但却是一个水路交通的枢纽，更方便传教士日后进入湖南、江西、南京和北京。与沙勿略一样，进入首都、觐见皇帝一直都是所有来远东传教的耶稣会士们的梦想和目标，在中国也不例外。

经历了被迫迁离肇庆的挫折后，范礼安认为仅仅依靠少数几位官员的保护，传教事业难以稳定发展，况且官场的变动和官员的喜怒也捉摸不定，于是更坚定了要想让传教士们长期留在中国，只有获得皇帝许可的想法。他认为只有获得朝廷的特许，承认天主教的合法地位之后，传教士才可能做久居之计。所以，范礼安打算请求教皇派遣一个正式的使团前往北京与皇帝交涉。由于罗明坚神父居住中国时间最久，又熟知这里的风土人情，便被范礼安选为负责这一重大任务的代表。然而，不巧的是，当时四位教皇相继去世，派遣使节一事就被无限拖延，最终搁浅了。而罗明坚因为积劳成疾，最终未能返回中国，在意大利去世。

虽然罗马教廷的一再拖延断绝了在华耶稣会士们直接获得皇帝许可的希望，利玛窦他们并没有放弃前往北京的打算。1595年，利玛窦终于得到一个机会，在他的再三恳求之后，他被允许与朝廷重新启用的原兵部侍郎石星一起北上，进入江西。由于石星有一个精神失常的儿子，于是利玛窦就以为侍郎公子看病为由一起同行。虽然害怕因为携带外国人而受到牵连，但是在利玛窦的反复请求之下，石星终于同意带他前往南京。

利玛窦一行一路乘船，途中遭遇触礁，险些丧命。他们经过了南昌城，渡过了鄱阳湖，再沿着长江而下，终于抵达了南京。然而，当时日本的太阁丰臣秀吉打算假道朝鲜进攻明朝，要求朝鲜给予协助。在迟迟没有获得朝鲜的同意后，于1592年出兵侵入朝鲜。朝鲜军队节节败退，向明朝求助，明朝随即派兵支援朝鲜，中日两国在朝鲜开战。当时全国上下气氛异常紧张，利玛窦在南京的朋友们即使想要帮助他也无能为力，而原本在广东结识的南京工部侍郎甚至因为害怕受到牵连而公然驱逐他。虽然日后南京曾一度成为天主教在中国发展最为兴盛的地区之一，但在当时显然还没有做好迎接传教士到来的准备。万般无奈之下，利玛窦只好选择另购船只，折返江西。

回到江西省后，利玛窦进入省会南昌。在那里，他受到了在广东结识的名医王继楼的热情欢迎。王继楼在当地人脉广泛，甚至还是许多高官豪绅们的座上宾客，在他的引荐之下，利玛窦开始融入南昌文人士大夫的交际圈。不论是因为钦佩利玛窦的才华，或是被他展现的三棱镜等西洋奇物所吸引，想跟他见面的人们络绎不绝，其中也不乏一些上层人士，例如江西巡抚陆万垓、建安王朱多㸒、乐安王朱多㷒。另外，利玛窦还与闻名当地的白鹿洞书院的主持人章潢成了好友，常常受邀去白鹿洞书院讲学，这对提高他在当地文人之间的声誉有很大的帮助，博学的"西儒"形象也开始渐渐深入人心。

利玛窦在南昌积极与当地文人和官员交往，赢得了他们的一致好感，为传教活动的开展创造了良好环境。终于，他获得准许，可在城里靠近知府衙门的黄金地段购置一处房产用于建造教堂。在此之前，澳门公学院的院长一直兼任中国传教区会长之职。然而韶州、南昌等地相距甚远，全由澳门管理有些困难，又有鉴于利玛窦在中国内地取得的不俗成就，于是1596年，范礼安决定将中国教务从澳门教区独立出来，单独设立中国教区，并任命利玛窦担任会长，全权处理关于中国的各项事务。同时，范礼安又向利玛窦下达指示，希望他尽快想办法进入北京开辟居留点，以便有机会接触皇帝，使传教事业获得永久保障。

正巧当时，利玛窦在韶州结识的南京礼部尚书王忠铭准备进京朝见，于是利玛窦就准备借这个机会与他一同上京。在北京，利玛窦受到了王忠铭的热情款待，并下榻于其家中。然而，如同之前在南京时的遭遇一样，与日本的战争使得京中人心惶惶。即便有王尚书写的推荐信，也没有官员愿意在家中接待传教士，并且很快就有关于传教士有日本间谍之嫌的流言传出，谨慎起见，利玛窦很快便离开了北京，顺运河南下。

截至1596年，来华耶稣会士的人数已经发展到了10人。然而，其中不少传教士都因为劳累过度相继病逝。除了罗明坚返回罗马后去世，巴范济被转派日本外，1585年来华的葡萄牙籍传教士孟三德（Sebastian Fernandes）于1600年在澳门病逝，之后1585年来华的葡萄牙传教士麦安东（Antonio Almeyda）

和 1590 年来华的意大利传教士石方西（Francis Petris）先后在韶州因病去世。从这些传教士短暂的在华生活也可看出当时在中国传教之艰苦和不易。

当时依然在中国活跃的还有 5 人。其中除了利玛窦之外，还有葡萄牙传教士苏如望（Jean Soerio）和意大利传教士郭居静（Lazzaro Cattaneo）。此外，另有两名中国籍修士 —— 钟鸣仁和黄明沙，他们是第一批加入耶稣会的中国人，由于笃信天主教，甚至立志献身传教事业。利玛窦前往北京时，钟鸣仁和郭居静与他同行，苏如望神父被安排留在南昌，管理那里的教务，黄明沙修士则还在澳门的初学院学习。

南京到北京

　　由于利玛窦在韶州收的弟子兼好友瞿汝夔曾多次口头和书面邀请利氏去他的家乡 —— 苏州府常熟定居，所以从北京南下之后，利玛窦决定先前往繁华富饶的江南城市苏州。当时，瞿汝夔正寄居在离苏州城不远的丹阳的一座寺庙之中。利玛窦转去丹阳后，受到了瞿汝夔的热情接待。虽然落魄潦倒，但瞿汝夔在当地依然拥有广泛人脉，对利玛窦的传教工作有很大的帮助。跟瞿汝夔商讨之后，利玛窦还是认为进入南京发展教务为上策。于是，在南京礼部尚书王忠铭和瞿汝夔在苏州做官的朋友们的协助下，利玛窦乘坐苏州知府为他置办的大船，启程前往南京。

　　1599 年，利玛窦带着瞿汝夔一起回到了南京。由于引起中日两国战争的丰臣秀吉当时已经去世，南京城的紧张气氛缓和了很多。一开始，传教士们住在一个名叫"承恩寺"的庙宇之中。刚到不久，他们在南京的老朋友便相继前来拜访。而在他们去拜会尚书王忠铭之后，王尚书甚至还身穿官服，按照全套传统礼仪进行了回访。他的郑重造访，大大提升了利玛窦在南京官界的声望。随后，其他高级官员相继来访，其中包括当时官居二品的户部尚书，以及南京刑部尚书和侍郎。在这些官员的建议和支持下，利玛窦决定在南京购房，在此定居。

在众多文人聚居、文化气息浓重的南京，利玛窦结识了很多著名的学者和官员，例如之后官至内阁首辅的叶向高，状元出身、在士人社会中地位颇高的焦竑，"左派王学"的代表人物李贽，以及之后成为明清时期最著名的奉教士人之一的徐光启，等等。文人学者们纷纷向利玛窦赠诗，向其求教数学、地理等科学，一时间，与"西士"的交往成了一种潮流。此外，传教士们还以很低的价格购买了一座长期空着的府邸。据说因为是"闹鬼"的凶宅，所以大家不敢居住，然而利玛窦、郭居静等人迁入之后，却安然无恙。由此，传教士们能够驱鬼的名声不胫而走，使得天主教在普通民众之中的声望有所提高。

徐氏祖宅"九间楼"（徐光启纪念馆）

与之前来到南京的情景完全不同，这一次

利玛窦等人在南京受到了各方尊敬。信徒也逐渐增多，包括一位贵族出身的七十多岁的武官和他担任南京都指挥的儿子。受到这些可喜的成绩所鼓舞，利玛窦派遣郭居静回到澳门获取更多支援，以便再次开展他们的进京计划。不久，郭居静从澳门带来了西班牙籍神父庞迪我（Diego Pantoja）和一些来自欧洲的珍宝，如一座大型自鸣钟和一幅精致的圣母像。在相识的官员的协助下，利玛窦获得了进京所需的相关文书之后，安排郭居静留守南京，准备与庞迪我神父一起启程进京。

正巧当时，有一位身居要职的宦官要动身前往北京。在与利玛窦交好的高官的指示下，这位宦官同意利玛窦和他的同伴们与他同行，并答应到达北京后将传教士们介绍给最有实力的宦官。带着想要进献给皇帝的西洋珍宝，利玛窦一行于1600年从南京启程。在每个停泊之处，他们都会前去拜访当地的官员，这些官员对他们的来访也非常欢迎。那位宦官更是邀请自己的朋友们上船鉴赏传教士们准备献给皇帝的贡品。很快，利玛窦他们要向皇帝进献西洋珍宝的消息不胫而走，最后传入了驻在山东临清掌管漕运的宦官马堂的耳中。

贪婪的马堂既想从利玛窦一行的礼物之中捞一些好处，又希望依靠带领这些西洋人进贡珍品而受到皇帝的恩宠。原本与利玛窦等人同行的宦官由于不愿意得罪马堂，再加上进京的期限将至，便将传教士和贡品留在临清，自己独自前往北京。马堂告诉传教士，他在宫里很有势力，由他协助他们将礼物献给皇帝将更有效率，随后便命令将东西全都转移到他自己的船上。马堂派遣自己的一个差役，将利玛窦等人希望向皇帝进献贡品一事上报北京。在马堂在宫廷里的同伴们的极力争取下，处理这事的权力落到了马堂的手里。

在天津，马堂收到皇帝谕旨，要求西洋人说明献给他的礼物。他召集了当地官员，让利玛窦当众开列一张他要带往北京的礼品清单。列完之后，马堂立即占有所有这些礼物，把它们运往自己的府里。之后，马堂又向皇帝递交了第二份请求，但没有受到他预期的谕旨。于是，马堂担心因为自己帮助外国人进贡而惹上麻烦，开始后悔干预此事。为了从利玛窦身上榨取更多好处，一天，马堂带领官兵闯入当时利玛窦等人寄居的庙宇，谎称他从北京得到消息说利玛窦藏匿了一批宝石不想进献皇帝。虽然利玛窦否认了指控，但马堂还是让人把他们的行李搬到相邻的院子，并且翻箱倒柜地检查每一件东西。他把自己喜欢的东西挑出来后，又称顶在十字架上的基督像是魔物，指控利玛窦想用妖术加害皇帝。马堂将利玛窦一行留在天津，派兵整日看守，自己返回临清。临近年关，利玛窦等人还是未能等到皇帝答复，所以派人前往临清向马堂送信，希望他能再做一次努力催促北京的答复，或对他们如何摆脱目前的困境给予建议。然而得来的却是马堂对传教士们的谩骂，马堂甚至还扬言要将利玛窦等人戴上手铐脚镣遣送回本国。

在天津阴冷幽暗的囚牢里，传教士在整日处于无助和恐惧的状态中度过了几个月。其间，他们也曾设法向北京的官员们送信，请求他们的帮助，但都无果而终。然而，突然有一天皇帝想起了有几位西洋人宣称要进贡自鸣钟，于是在事先没有任何通知的情况下，派人传话让传教士带着他们的礼物前往北京。接到通知的马堂只得非常不情愿地将原本准备占为己有的礼物悉数归还，送去皇宫。由于接到了皇帝的召唤，传教士们的待遇立刻得到了极大改善。天津的官员们为传教士们准备了八匹马和三十名脚夫，并且每天在驿站更换。在旅行途中，他们一路上都住在沿途各地官员的府邸之中，受到了众人尊敬。

1601 年 1 月 24 日，经历千辛万苦后，利玛窦一行终于到达北京。第二天，包括圣像、一大一小两座自鸣钟、西洋琴、十字架等在内的三十多件贡品被送进了宫中。这些前所未见的西洋珍物引起了万历皇帝极大的好奇，尤其是一到整点会报时的自鸣钟。但由于那座大的自鸣钟没

古西洋琴

有调好，既不守时也不报点，于是皇帝下令让传教士立刻进宫，进行修理。虽然传教士是出于修理自鸣钟的原因被召进宫中，但能最终步入长期闭锁的王朝皇宫，无疑是在华耶稣会士所取得的一次重大成功。

为了让身边的宦官也学会管理这两座时钟，皇帝指定了四名钦天监的太监花三天时间向利玛窦学习。其间，皇帝还派人向传教士们询问欧洲的风土、建筑、文化，等等。由于万历皇帝朱翊钧在他的老师——内阁首辅张居正去世之后，开始怠政。之后又因策立太子一事与内阁争执长达十余年，最后索性三十年不出宫门，不理朝政，不见朝臣。虽然他对送来自鸣钟的西洋人也很感兴趣，但还是不愿打破他的惯例，所以并没有正式召见传教士。不过，皇帝派了两个最好的画师为利玛窦和庞迪我神父画了等身的肖像。可以说，传教士们至少成功地引起了皇帝的好奇。

礼部发难

利玛窦等人进贡的礼品之中还有一座"纵三尺，横五尺"的古琴，有弦72根，被认为是最早传入中国的钢琴。这座奇特的西洋琴引起了皇帝的兴趣。很快，四名宫中演奏弦乐的乐师们奉旨前来会见传教士，正式拜师，学习弹奏这架古琴的技艺。虽然利玛窦本人不懂演奏，但庞迪我神父曾在他的建议下向很有音乐修养的郭居静学过钢琴。所以由庞迪我执教，花了一个月的时间，教会了乐师们几首乐曲。随后，利玛窦还为这些西洋乐曲填上了中文歌词，编成《西琴曲意八章》一书，深受许多文人学士的欢迎。在宫中教授音乐时，传教士们受到一些身居高位的宦官们的宴请和拜访。

事情的发展似乎平静而又顺利，对未来充满憧憬的利玛窦正满心希望能在他们给宫廷乐师授课完成之后，得到皇帝允许他们定居北京的答复。然而没想到事态突然急转直下，等待他们的是礼部的责难。

对于西洋人人京一事，负责外交事务的礼部非常重视。由于利玛窦一行的入京和进贡都是由马堂负责，而未经过礼部，使礼部官员感到没有受到足够重视，因此颇为生气。但又不便直接责怪马堂，所以只好拿传教士出气。当时，各国来访使节均会住进隶属礼部的会同馆，由其统一管理，但利玛窦等人并没有经过这一程序。由此，主管会同馆的官员对此提出了控诉。虽然马堂的党羽因为害怕利玛窦供出马堂曾强行抢走他们的一些物品，曾出面阻挠礼部官员，但最终传教士们还是不得不转移到会同馆居住。不过，或许是听说皇帝对这些西洋人进贡的礼物颇为满意，在会同馆之中，传教士们还是享受到了比普通使节更高的礼遇。他们被分配在中国官员来此视察时居住的房间，并且他们在北京的朋友们在得到消息之后也纷纷赶来看望他们，就连主管本人在更深入了解了传教士的情况后，态度也开始好转。甚至，神父们还被允许在房间里布置一个小礼拜堂，每天在那里灵修祷告。

礼部发难还不止这些。由于利玛窦自称来自大西洋意大利亚国，礼部对这个没听说过的国家产生了怀疑，于是几天之后，礼部右侍郎朱国祚派官员向利玛窦等人调查他们来华的主要动机以及进贡的目的，利玛窦打算借此机会发表一项明确而又大胆的书面声明。虽然在此之前，利玛窦他们由于害怕招致中国官员们的怀疑和反感，所以一直不敢公开宣称自己的真正来意。但是在这项声明中，利玛窦坦率承认自己是奉上司之命来华传播天主教信仰，而进贡方物是为了表达想在中国定居的愿望和对皇帝的一片赤诚之心。所以，他们祈求的不是皇帝的回赠，而是获得允许定居北京。为了让朱国祚进一步了解天主教，利玛窦还送了一本介绍天主教义的中文教理书给他。

然而，这一切并没有打动朱国祚。在利玛窦一行进京两个月后，朱国祚以礼部的名义向万历皇帝上了第一疏。疏中称：

> 礼部《会典》止有西洋国及西洋锁里国，而无大西洋，其真伪不可知……又既奉旨送部，乃不赴部译，而私寓僧舍，臣等不知其何意也。但查各夷必有回赐，贡使必有宴赏。利玛窦以久住之夷，自行贡献，虽从无此例，而其跋涉之劳，芹曝之念，似宜加赏赉，以慰远人，乞比照暹罗国，存留广东，有进贡者赏例，仍量给所进行李价值，并照例给与利玛窦冠带回还。勿令潜住两京，与内监交往，以致别生枝节。

疏中言辞激烈，字里行间流露出对利玛窦的不信任和敌意。然而，朱国祚的这一疏奏并未上报。其中理由一方面很可能是担心得罪在宫中权力庞大的马堂，另一方面或许是因为不符合万历皇帝的意愿。皇帝对送来自鸣钟的西洋人很有好感，所以从内侍那里听说会同馆主事逮捕利玛窦等人一事时，十分不悦。以至于礼部的奏疏递上来后，万历皇帝将它搁置在一边，最后退回礼部。

在第一疏上奏之后一个月，朱国祚又上了第二疏。可能是察觉了皇帝的态度，这一次朱国祚一改之前的态度，不再提马堂之事，并且对传教士大加赞赏，但是关于"勿令潜住两京"这点依然坚持。皇帝不希望懂得修理自鸣钟的利玛窦离开北京，但又不愿意为了他们居住北京一事违反明朝典章，所以等着大臣提出让传教士们留居北京的方案。之后，朱国祚又接连上了两次疏奏，坚持上述观点。但是出于之前的原因，疏奏依然不报。利玛窦意识到要想从朝廷获得他们在北京的居留许可，必须首先改变这位固执的礼部官员的看法。所以利玛窦在朱国祚上了第三、第四疏之后，开始向与他交好的官员们求助，希望借他们的影响向朱国祚施加压力。最后，在吏部尚书李戴的施压之下，朱国祚终于改变了态度。在他向万历皇帝上奏第五道疏奏时，提出让利玛窦在城中挑选他认为合适的地方，以租房形式留居，并且配备一名佣人供他们差遣，另外，每隔五天派遣差役送去米、肉、蔬菜、盐、酒等生活必备品。同时，朱国祚授意利玛窦以自己名义写一份奏疏，称因为会同馆中缺乏医药和其他必需品，所以身体每况愈下，因此恳请皇帝恩准他们在北京择地而居。

万历皇帝很快批准了利玛窦的请求。关于皇帝同意传教士定居北京的原因，一些学者认为一方面正如利玛窦自己所称，是由于掌管自鸣钟的内侍也极力希望利玛窦留在北京，以防自鸣钟再次出现问题，而这些内侍对皇帝有一定影响；另一方面，万历皇帝自身也想借此机会打击与他作对的礼部。当时，皇帝因宠幸郑贵妃，有废长立幼之意。但这一意图遭到礼部为首的群臣激烈反对，引发了著名的"国本之争"。这一争论持续了15年之久，而礼部关于建储的奏疏和抗议利玛窦定居北京的奏疏差不多在同一时间，因此原本对礼部心怀不满的万历皇帝正好借传教士之事趁机发难。

与士大夫交游

　　利玛窦一行不仅获得了在北京的定居权，还得到了朝廷发放的津贴，每四个月一次。据利玛窦称"在这个国家是一笔不小的收入，在欧洲看来也是这样"。另外，朝廷还在宣武门内赐予传教士一块地，传教士们在这里建造了北京的第一座天主教堂，也就是现在的"南堂"。

　　一日，大自鸣钟出现故障，因负责修理的宦官无法修好，皇帝命人将钟搬去传教士们的家里修理。一时间，好奇的群众蜂拥而至。皇帝听说之后，便下令不得再把时钟带出宫外，需要修理时，则召传教士进宫。之后，为了防止宦官不断请求允许传教士进宫，皇帝又特准传教士定期进宫。由此，传教士们获得了一年四次定期进宫的特许，随后，渐渐演变成自由进宫。

　　当传教士获批入宫的消息传开之后，前来拜访的人们络绎不绝，并且逐日增加，其中不乏朝廷的巨卿名公。第一位慕名

北京南堂

来访的是之前提到的吏部尚书李戴。他在利玛窦还在被马堂的党羽们监视时就曾主动前来探望。据说李戴是因为从其他途径听说了利玛窦，对他的才学和品德十分感佩。在利玛窦获得北京的定居权后，便经常邀请他去自己府中。李戴对利玛窦带来的西洋奇物和西方科学很感兴趣，还请利玛窦为他制作一些象数仪器。此外，他还很喜欢跟利玛窦讨论宗教信仰问题，例如对来世的恐惧和希望。几年后，利玛窦将他们俩的谈话写成了提要，作为他撰写的教理问答书《畸人十篇》其中的一篇。

当时，利玛窦还与礼部的两位侍郎郭明伦和杨景淳成了朋友。二人均来自南京，先后出任礼部侍郎，一直与利玛窦保持着友好的关系。杨景淳还告诉利玛窦自己有个兄弟在广东，已经归信天主教，并且虔诚奉教。据考证，杨景淳的从兄杨道会曾任广东按察副使，或许这里所指的便是此人。虽然杨景淳自身没有入教，但是由于其兄的关系，对天主教很有好感。

还有很多高官向利玛窦发出了邀请，利玛窦有时甚至一天之内需要赴宴两三回。其中之一便是当时的阁老沈一贯。根据《利玛窦中国札记》（以下略称为《札记》）中的记载，沈一贯是当时与利玛窦交游官员之中品级最高的一位。到达北京之后，利玛窦便一直期盼有机会能去拜访这位显贵。终于，在友人的引见之下，利玛窦带了一些西洋礼物前去登门拜访，其中一件便是乌木制作的日晷仪，深受沈一贯的喜爱。利玛窦不仅得以与沈一贯坐下来攀谈，甚至还被挽留出席晚宴。席间，沈一贯听利玛窦谈起了他们来华传教的目的，还对天主教国家的风俗颇感兴趣。最后，沈一贯还慷慨地回赠了利玛窦绸缎和皮货，价值远比他所赠礼物更高。之后，传教士们还与沈一贯的儿子建立了深厚友谊。在沈一贯出任阁老的八年时间里，一直与传教士们保持着良好关系。《札记》称："这当然发展成一种不可思议的威望，几乎在任何事故中都永远保证了他们（传教士们）的地位。"

由于与利玛窦相熟的南京刑部尚书王志坚因公来京，在他的介绍下，利玛窦结识了当时北京的刑部尚书，之后升为兵部尚书的萧大亨，在萧的引荐下，利玛窦又结识了当时的吏部侍郎冯琦，这三位高官都成了利玛窦府上的常客。不久之后，冯琦升迁为礼部尚书，获得了管理传教士们的权力。他正式批准了他们在北京城的身份，免去了他们的后顾之忧，并且提高了他们的生活费用标准。

在这些达官显贵的保护下，利玛窦可以在北京更自由地宣传天主教，信徒的数量也开始逐步增加。其中除了平民，还有一些颇有名望的士大夫。利玛窦在寄往罗马的书信中称："北京教会历史最短，受洗的已有一百余位，但他们的地位颇不寻常，深信能影响更多的人信仰基督。"

当时接受天主教信仰的士大夫之中，有两位最为著名，《札记》中费了颇多笔墨介绍他们的事迹。第一位是冯应京，曾经出任湖广佥事，为官清廉，刚正不阿，由于不满当时的湖广税使陈奉专权暴虐，上疏弹劾，结果反遭诬陷。万历皇帝下旨将其押送至京，冯应京在湖广任职时就听闻利玛窦在南昌和南京享誉盛名，还曾派遣他的弟子刘燕青前去求教。但当时传教士们正准备二次进京，所以刘燕青一无所获，只能返回湖广。在冯应京被捕之前曾再次派遣这位弟子前往北京。此时正巧利玛窦一行获准离开会同馆，于是，刘燕青携带礼物前去拜访，向利玛窦说明来意。冯应京被押送至京后，利玛窦立刻前往狱中看望。二人在狱中长谈了一个多小时，宛如多年故友。在冯应京被囚的三年间，他们通过书信的方式，始终持续着这份友谊。不仅如此，冯应京还悄悄让人重新印刻了利玛窦所撰的第一部中文著作《交友论》一书，亲自作序，并将刻板赠给了利玛窦。

冯应京之所以会与利玛窦一见如故，情投意合，一方面是被利玛窦的人格和博学感动，另一方面则是因为厌恶当时空虚的学风，深信讲究伦理的基督教神学是"救世的良方"。所以，除了《交友论》之外，冯应京还翻刻了利玛窦的《二十五言》和《天主实义》，并在序言中批判佛、道，大力称颂天主教。冯应京还是第一位把儒学博士称号，也就是"进士"头衔加之于利玛窦的人。

《札记》中记载，尽管冯应京很好地学习了基督教的教义，但不能在他目前的处境下领受洗礼。然而，他完全允许所有他的仆人自愿领洗，并始终虔奉神父们送给他的十字架。万历三十二年，即 1604 年，冯应京获释出狱。利玛窦原想寻找机会使他受洗，但因冯应京只得在京逗留两三天，此间因为忙于接待来访的官员，而没有时间受洗。也有说法认为冯应京受到牢友的建议，为了避免再惹事端，打算等回到南京之后再行受洗。一年多后，冯应京在南京病逝，最终未能受洗。学界对于冯应京对天主教的认同是否真正达到受洗入教的程度尚有争议，但毫无疑问的是，他对天主教的赞誉有力提升了传教士们的声望，也推进了天主教信仰的传播。

另一位则是之后被誉为"明末天主教三大柱石"之一的李之藻。当时出任南京工部营缮司员外郎的李之藻，因公上京，于万历二十九年（1601）跟随友人一同拜访了利玛窦。与当时很多士大夫一样，率先吸引李之藻的是传教士们带来的西方科学。李之藻一直对地理学很感兴趣，也有很高的造诣。关于李之藻与传教士接触的契机，利玛窦曾这样描述："他（李之藻）的才名罕有匹敌，他青年时雄心勃勃要对整个中国做一番很好的描

李之藻画像

述，并绘制十五省的精确地图，这对他就意味着全世界。"所以，当李之藻看见利玛窦制作的世界地图时，惊叹自己对世界认识的局限。为了更好研究地理学，李之藻此后便开始频繁地与传教士们交往。次年，他出资刊刻了《坤舆万国全图》，并亲自为之撰序，刻成之后，遍赠友人，在当时的知识阶层引起了很大的反响。

除了地理学之外，李之藻对西方数学也很有兴趣，尤其是天体数学。此后，李之藻曾撰写过一部用天体数学解释浑天、盖天学术的《浑盖通宪图说》，还学会了使用星盘，并在利玛窦的帮助下，翻译了《同文算指》，也就是利玛窦的老师克拉维奥神父所著的《实用算术纲要》。此外，李之藻还协助传教

士制作了各种数学器具。李之藻的这些努力，极大地提高了利玛窦和耶稣会士们的声望。对此，《札记》记载道："令人惊异的是，神父们的博学声誉是怎样因他的著述而得到传播的；教团是怎样因他的公开谈话而变得出名的；他又是怎样从各阶层百姓中为教士们赢得很多朋友的。"

在探讨西学的同时，传教士们借机向李之藻介绍天主教义。很快李之藻便认同了这种外来的信仰，但是对于入教一事却非常犹豫。利玛窦曾这样描述李之藻的心理：

> 看来似乎此人更有认识真理的智慧，而没有接受它的勇气。不过，他确实承认基督教的真理，不仅一直在宣讲它，而且还劝别人掌握它，真挚得犹如他本人就是一个新信徒那样。他的几个家属已经奉教，可算作是最虔诚的信徒之列。

李之藻之所以迟迟没有入教，跟他奢侈不羁的生活习惯，以及家中纳有姬妾有直接的关系。严格遵守天主教义所规定的"一夫一妻"制度，对于当时很多的士大夫来说都是极大的障碍。据法国传教士高龙鞶（Auguste Colombel）所著《江南传教史》记载，当时向慕天主教的士大夫之中，有人"接纳一切教义，惟对于禁止置妾，不以为然。也有许多人愿意视姬妾为奴婢，只要不休弃，但神父们认为这一点也不容许"。李之藻便是其中之一。

之后，李之藻曾以工部分司之职，前往山东治理河道。所以在利玛窦的《天主实义》中称李之藻为"李水部"。在他离开北京之前，曾将府邸的大部分家具交于传教士，还要求一位传教士与他一同前往，以便开教。然因当时教会人员人数尚少，李之藻的要求并没有得到满足。据利玛窦称，李之藻赴山东任职不久，便受到弹劾，称他生活放荡，经常举行一些奢侈的宴会，有失官体，但3年后，李之藻官复原职。万历三十八年（1610），46岁的李之藻在北京突然患上重病。家眷不在身旁的他受到了利玛窦精心的看护，在病床之上终于下定决心受洗入教。据艾儒略所著《大西西泰利先生行迹》记载：

> 李公忽患病京师，邸无家眷，利子朝夕于床第间，躬为调护。时病甚笃，已立遗书，请利子主之。利子力劝其立志奉教于生死之际。公幡然受洗，且奉百金为圣堂用。赖天主宠佑，而李公之疾已瘳矣。

此后，李之藻一直虔诚奉教，并成了在华耶稣会士们最有力的保护者之一。

十年教务发展

从利玛窦启程前往南京，到他在北京定居的 1601 年之间，耶稣会又向中国派来了四名传教士。除了之前提到的庞迪我之外，还有意大利籍神父龙华民（Nicholas Longobardi），葡萄牙籍神父罗如望（Jean de Rocha）和同为葡萄牙人的李玛诺（Emmanuel Diaz）。当时，利玛窦和庞迪我神父定居北京，龙华民和中国籍修士黄明沙留居韶州，苏如望神父留住南昌，罗如望和郭居静两位神父负责南京的教务。

李玛诺神父曾于 1596 年担任澳门神学院的院长，任职期满后，被范礼安派往中国内地视察南京、南昌、韶州三个地区的教务发展。在视察过程中，李玛诺发现各地大多都取得了不俗的成果，信徒数量逐年增加，其中亦不乏身份地位较高的知识阶层。例如在韶州，在两年之间受到龙华民神父施洗的人数超过了 300 人，包括当地的几个望族，女性信徒也有大幅度增加。利玛窦离开南京前往北京时，曾将南京的教务托付给郭居静神父。然而，郭居静患有严重的关节痛，5 年之中，3 次返回澳门修养，所以教务基本上由罗如望负责。据当时的记录，到 1602 年末，罗如望在南京付洗的教徒也达到了 50 人，其中不仅包括一些当地的生员，还有一位受洗之后不久便得中武科进士的信徒。不过，在南昌，教务的发展比较缓慢。由于只有苏若望神父一人负责。过度劳累使得他健康状况极差，几乎陷入瘫痪，常常卧床不起，但苏如望依然坚持将一本对慕道者进行天主教教育的小册子译成了中文。

完成了这 3 个地区的视察之后，李玛诺被利玛窦招往北京，与利玛窦一起为整个教团拟定了详细的计划。1603 年，范礼安由日本最后一次返回澳门，之后便立即召李玛诺和郭居静回到澳门，与他们商讨在中国传教团的事务问题。两位传教士向范礼安汇报了喜人的成果，也反映了缺乏人手和资

徐光启像

金的问题。为此，范礼安准备了巨额现款，用于支持各个地区的传教事务。同时，还决定由驻扎澳门的日本教会财会人员监管中国教会的财务。然而不幸的是，在1602到1603两年之间，荷兰海盗洗劫了澳门的货运商船，其中也包括耶稣会的物资，无奈之下，范礼安只能向华人贷款，以勉强维持教区的经费。

而在人员方面，范礼安则在1604和1605两年之间，连续派遣了7位传教士，分布在韶州、南昌、南京、北京这四个耶稣会在中国内地的居留点，同时还新增了两位中国籍的修士——游文辉和徐必登。加上原来已经在华的传教士和中国籍修士，截至1605年，在中国活动的耶稣会士的人数增加到了17名，上述4个居留点平均每个地区拥有4名传教士。

1603年，传教士们在南京收获了一名极为重要的信徒，那就是明末著名的科学家，与之前介绍的李之藻并称为"明末天主教三大柱石"之一的徐光启。徐光启出身于上海县，因为会试屡试不第，受友人介绍前往韶州教书。在那里，他见到了郭居静神父和利玛窦绘制的世界地图。和李之藻一样，这种全新的地理观念让徐光启大开眼界。6年后，徐光启考取举人，返乡之前，前往南京拜访了利玛窦。又过了4年，再次落第的徐光启路过南京。在那里，徐光启听了罗如望神父的讲道，又认真阅读了利玛窦所著的《天主实义》，最终决定受洗入教。众所周知，徐光启在西学传播上做出了巨大的贡献，同时他也是一位虔诚的信徒，对在华耶稣会的传教事业的发展起到了极为重要的作用，被传教士们誉为"天主在中国建立大厦而特选的基石"。后章将以徐光启作为奉教士人的代表，对其事迹做更为详尽的介绍。

另一方面，在北京，利玛窦虽然得以与很多高官结识，并保持友好的关系，但仍因为复杂的政治局势，遭遇了风险。1603 年 11 月，京城发生密揭事件，内容还是与之前提到的"固本之争"相关。此揭指责万历皇帝和几位大臣有意废除太子，另立福王。揭中提到姓名的十位文武大臣，均被指为太子党。一时间，京城上下陷入了惊惶。内阁首辅沈一贯打算借这个机会打击太子的老师及其党羽，而这些人又对沈一贯的门下施行报复。与沈阁老交好的传教士们就险些陷入被打击的危险。据称，会同馆还一度要求将传教士们重新纳入他们的管辖范围。那两个月中，为了避免引火上身，传教士们只得闭门不出，也暂停了与京城显贵们的交往。等密揭风波过去之后，利玛窦等人又重新开始了传教工作。来华不久的庞迪我神父在很短的时间内，便学会了汉语，并且开始用中文传教了。不到一年时间，北京就有七十多人受洗入教。

由于原来的住房较为狭小，利玛窦等人一直想要换一个更大的住处。但由于经济拮据，直到 1605 年，他们才在信徒们的捐助下，搬入了新居，那是北京耶稣会的第一所住院。住院内部被分成三个部分，三分之一是专门用来敬奉天主的小堂，三分之一是三位神父，即利玛窦、庞迪我和新被派到北京的费奇观（Gaspar Ferreira）用于起居的寝室，其余部分则作为初学院，由费奇观负责教导几位准备入会的中国青年。为了避免引起日后的纷争，利玛窦又请官方在购买住院的契据上加盖印章，结果还得到了免除一切赋税的特许。1606 年，意大利籍传教士熊三拔（Sebastian Ursis）也从澳门被调至北京。到达北京之后，利玛窦要求他在短时间之内学会汉语，并以精通为目标，同时以自然科学作为主要研究课题，以便迎合中国知识阶层的兴趣。

利玛窦在北京的 10 年中，一直孜孜不倦地工作，被誉为"中国传教事业的创始人"，根据利玛窦的日记，高龙鞶描绘了当时北京住院的传教情形：

> 住院的客厅，应接不暇，终日需有神父一人接见来院请教的中国宾客。他（利玛窦）特别注意知识分子，为他们提供适合他们理解力的真理。谈话的开端，往往是地理历数之学，杂以阐明道德的言论；如遇诚心向道的人，则进而指示宗教的真理……到院访问的人，多数属于中等阶层。

随着信徒的逐渐增多，除了日常传教，利玛窦还仿照西方天主教会的形式，于 1609 年在北京创立了由信徒组成的天主教团体"圣母会"（Congregation of The Saint Virgin），也是中国的第一个"圣母会"。该会在每个月的第一个星期日举行集会，第一次会期便有 14 个人领洗入教，不到一年，传教士们就已经劝化了百余人入教。

除了他的主业——传播天主教教义之外，为了得到更多中国士大夫，乃至朝廷的认同，利玛窦在介绍西方科学之上也花费了很大精力。在以徐光启、李之藻为代表的中国士人的协助下，利玛窦翻译了众多关于西方数学、地理学的著作，还于 1608 年重印了他在 1602 年应李之藻之托重新修订的《坤舆万国全图》，据说万历皇帝还兴致盎然地问他要了 12 幅，分别悬挂在宫殿各处。据统计，利玛窦绘制的各种世界地图，从万历十二年（1584）起，到万历三十六年（1608）短短的 24 年时间里，在肇庆、南昌、苏州、南京、北京、贵州等处，一共翻刻了 12 次之多。可以说，他带来的这种全新的地理观念已经被当时中国许多的有识之士所接受。

利玛窦去世

从利玛窦进入中国内地已经过了二十多个年头，经历各种波折和遭遇后，在华耶稣会的传教事业终于在他的带领下稳步发展，开始步入繁荣期。然而由于多年的奔波和过度的操劳，让利玛窦的身体开始每况愈下。1605年，利玛窦在写给家人的信中提到自己已经须发尽白，可能已经来日无多了。于是，利玛窦萌生了一种想要把在中国这段不凡的传教经历记录成书的想法。他在写给远东副省会长的信中写道：

去年年底（1608）不知怎样忽然有一个思想涌到我的脑海里，就是我是首批进入中国传教的唯一幸存者；除我以外，可以说没有第二人知道教会如何传入中国的，所以必须根据年代和事件发生的先后加以记载，许多事我曾亲手撰写过，不过有些与事实不尽相符。我已经开始撰写《天主教传入中国

史》，相信西欧也会感到愉快的。假使我能完结该
书的重要部分，而适时又有船赴印度的话，我会把
完成的部分先寄去罗马，供您批阅欣赏；只是我
事务繁多，恐怕不易完成这项工作。

利玛窦在信中提到的就是著名的《利玛窦中国札记》，一
般又被译为《基督教远征中国记》，由利玛窦用自己的母语意
大利语，根据自己在中国生活和传教时的日记编写而成。其
最主要的目的是为了向欧洲人介绍有关中国的情况以及天主
教在中国的传教事迹，以便使同会的传教士和相关人士从中
获益。另一方面，由于利玛窦领导的中国传教团取得了不俗
的成绩，一些事迹被传到了罗马。然而，很多传闻存在夸张
的地方，因此利玛窦等人甚至还曾收到罗马祝贺他给中国皇
帝施洗的贺信。尽管利玛窦再三否认，但是各种不切实际的
传闻依然在罗马流传。于是，利玛窦写了一系列报告来澄清
这些误传，并对他们在中国的传教工作做了一些总结。这本
回忆录也是这一工作的延续。利玛窦被认为是正面地把中国
历史文化介绍给西方的第一人。此后也有不少传教士撰写书
籍介绍中国文化，例如葡萄牙籍耶稣会士曾德昭于 1641 年完
成的《大中国志》。这些记录极大地促进了西方世界对中国社
会的了解，打开了西方学者的眼界，甚至还引起了一场中学

西渐的热潮。

利玛窦墓

　　然而，利玛窦最终没能完成这一书稿。除了日常的传教工作之外，与各地传教士的书信往来、无法推脱的宫廷应酬、与中国官员们的交往，都在加重他的工作。如前所述，利玛窦还曾花费大量时间和精力照料病重的李之藻，重重的压力使得原本就身体每况愈下的利玛窦心力交瘁，终于在 1610 年 5 月 3 日，一病不起。在此之前，利玛窦仿佛能预知自己不久将要离开人世一般，提前安排好了之后的传教事务。他事先编订了两张时间表，一张是专门写给接替他担任中国传教会会长之职的龙华民，内容关于中国教务以及住院内部事务的概况，另一张则是关于整个传教工作。

在利玛窦病倒之后，李之藻和神父们请来了京中的名医数人，但病情始终不见起色。许多信徒前来探望，并为利玛窦祈祷。病后第 6 天，利玛窦做了"总告解"，忏悔一生过犯，次日，要求领受"临终圣体"，并对在场的传教士做了勉励和嘱托。在弥留之际，利玛窦对周围的神父说："我把你们留在一个大门洞开的门槛上，它可以引向极大的报偿，但必须是经过艰难险阻才行。"最后，在 1610 年 5 月 11 日黄昏，57 岁的利玛窦终于走完了他在中国的旅途，躺在病床上安然离世。

李之藻听闻利玛窦逝世的消息之后，万分悲伤，然而由于他自己的病情尚未痊愈，仍需卧床，因此只能派遣使者到教会来表示吊唁，并赠送了极为华贵的棺椁。为了在实践中延续利玛窦提出的"文化适应"传教方针，利玛窦的丧礼在按照天主教方式举办的同时，也尊重了中国的传统习俗。按照传教士金尼阁（Nicolas Trigault）的记载：

> （利玛窦的）遗体被放入棺材，移到教堂，在那里举行了弥撒，神父和教徒们为利玛窦唱了祷歌，后来它又被移回教堂，按照中国的习俗，放在一个灵台上，使吊唁的人都可以看到。

除了北京的教徒，利玛窦的众多官界好友也均来参加吊唁。南京和北京的信徒还专门为利玛窦撰写了歌颂他美德的奠文。

1614 年，金尼阁神父将利玛窦没能完成的《基督教远征中国记》手稿从澳门带回罗马，翻译成拉丁文，并于 1615 年刊印。除了利玛窦留下的手稿之外，金尼阁还引用了关于利玛窦的其他材料，例如耶稣会的年报和通信，利玛窦致其他传教士的书稿，还有关于利玛窦的个人叙述，并附上了一篇关于利玛窦之死和葬礼的叙述。该书出版之后，轰动了整个欧洲。随后的 40 年间，又陆续出版了 4 种拉丁文版，3 种法文版，以及德文、西班牙文和意大利、英文、汉文等多种版本。此书对欧洲的文学和科学、哲学、宗教等方面的影响，被认为超越了 17 世纪任何其他的历史著述。

御赐墓地

利玛窦在北京度过了他人生中的最后 10 年，去世之后也没有离开，而是葬在了那里。其实利玛窦在身体抱恙之后，就一直在考虑自己与同伴们死去之后的问题，盼望能在北京郊外购买一块坟地，但这在中国却是从未有过的先例，此前所有客死中国的传教士们都被送回澳门安葬。利玛窦原本已经物色到了一处，但因在土地价钱上出现争议，卖主最终撤销了交易。

利玛窦病逝之后，由当时担任北京会院代理监

利玛窦墓碑

督的庞迪我负责他的善后之事。由于利玛窦去世时，葬地一事还没有着落。所以在按照教会礼节办完丧事之后，装入一密封棺材中的利玛窦的遗体便按照中国人的习俗停放在教堂里，等到在城外购得坟地之后再行安葬。在举行丧事弥撒的那天，有大批教徒参加，其中有位文士想到或许可以向皇上请求赐地作为利玛窦神父的坟地，庞迪我接受了这个建议。传教士们认为如果能够获得御赐的墓地，不仅对利玛窦本人是一种极大的荣誉，还等于朝廷默认了教会和天主教在中国的合法性了。

于是，庞迪我草拟了一份呈送给皇帝的奏疏，然后请李之藻按照奏疏的格式，对文体和语言做了精心润色。之后，为了显得更为郑重，庞迪我在修改好的奏疏上盖上了耶稣会的正式印章。在这份奏疏之中，庞迪我介绍了利玛窦历经艰辛的上京进贡之路，强调了长久以来皇帝赐予他们的恩惠，最后提出了恳请皇帝赐予墓地的请求。奏疏中写道：

> 臣本远夷，向慕天德化，跋涉三载，道经海上八万余里，艰苦备尝。至于万历二十八年十二月，偕臣利玛窦及兼伴五人，始得到京朝见，贡献方物，蒙恩给赐廪饩，臣等感激不胜，捐躯莫报。万历二十九年正月内，奏允天恩，照例安插，以将柔远等情，候旨多年，叨蒙廪给不阙。

不意，于万历三十八年闰三月十九日，利玛窦以年老患病身故。异域孤臣，情实可怜，道途险远，海人多所忌讳，必不能将尸返国。

（中略）

臣等外国微臣，岂敢希冀分外，所悲其死无葬地，泣血祈恳天恩，查赐闲地亩余、或废寺闲房数间，俾异域遗骸得以埋瘗；而臣等健在四人，亦得生死相依，恪守教规，以朝夕瞻体天主上帝，仰祝圣母圣躬万万岁寿。既享天朝乐土太平之福，亦毕蝼蚁外臣报效之诚，臣等不胜感激，屏营候命之至。

定稿之后，庞迪我在御史孙玮的帮助下，使这份陈情奏疏在呈上的当天就被转给了皇帝。呈上奏疏之后，庞迪我又将它的副本交与了几位有关的大臣，特别是内阁大学士叶向高。叶向高与传教士一直保持着非常友好的关系。在南京的时候，叶向高便曾与利玛窦有很亲密的交往，到了北京之后，也曾几次宴请利玛窦。当他接到庞迪我的奏折之后，当即表示会全力以赴促成此事。

怠于朝政的万历皇帝在这件事上一反常态，三天之后便将庞迪我的奏疏转交给负责呈送这一奏疏的大臣那里，嘱其妥善处理。庞迪我的申请能够得到万历皇帝的及时处理，这很可能还是因为利玛窦进贡那台自鸣钟深得皇帝的欢心，使他对利玛窦也留下了很深的印象。

在御史孙玮的再次帮助之下，皇帝转批下来的奏疏被交付了礼部，礼部原本就有几位官员与利玛窦和庞迪我神父一直有往来，在奏疏被送至礼部之后，庞迪我又携带传教士用中文撰写的著作和世界地图作为礼品前去拜访。与此同时，李之藻特意去拜访了当时担任礼部右侍郎的吴道南。在向他详细介绍了利玛窦的生平事迹，以及传教士们的申请之后，得到了吴道南答应协助的许诺。

在庞迪我和李之藻的努力之下，一个月后，礼部右侍郎吴道南，携主客清吏司郎中、员外郎和主事一起联名上疏，向皇帝提出了对传教士们非常有利的建议。他们在《大明会典》中找到了赐地的依据。《会典》中涉及赏赐外国人墓地的条款，大致有如下几种：第一，"凡夷使病故，如系陪臣未到京者，本部题请翰林院撰祭文，所在布政司备祭品，遣本司堂上官致祭。仍置地营葬、立石封识"。也就是说，如果外国的使臣在来京朝贡的途中，客死在中国境内，则应该由当地的地方官为他安排一块墓地营葬；第二，"在馆未经领赏病故者，行顺天府、转行宛（平）、大（兴）二县、预解无碍官银三十两发馆、每名给与棺木银五钱。（中略）领赏以后病故者、听其自行葬埋"。也就是说，如果使臣在进入会同馆之后病故的话，在未经领赏的情况下，由京城的地方官员，即顺天府尹负责其丧葬费用。如果已经领赏，就从所领的赏金中支付，让其自行埋葬。

《几何原本》（中国国家图书馆藏）

礼部又在奏疏中指出，虽然利玛窦并不是受其国家差遣，前来进贡，但"向化远来，久经豢养之恩"，并且"渐染中华之教，勤学明礼，著述可称"，跋涉远途前来进贡之后，"万里孤魂不堪归榇，情殊可悯"。所以四位礼部官员一致建议按照庞迪我所请，"赐给葬地，以广圣泽"，并称"伏乞敕下本部转行顺天府，查有空闲寺观隙地亩余，给与已故利玛窦为埋葬之所"，万历皇帝对礼部的建议非常满意。当时也有一些官员对此事持有异议，认为"从无此例"。但叶向高却以自古来华的外臣"其道德学问，有一如利子者乎？"进行反驳，并称仅仅翻译《几何原本》这一项功绩，就足以获得御赐葬地。最终，在得到皇帝的同意之后，这一史无前例的申请获得了成功。

在正式获得了这块土地的产权之后，传教士们认为为利玛窦举行下葬仪式的时候终于到了。于是，他们首先举行了将利玛窦遗体从神父们自用的小教堂转移到墓地的"移灵仪式"。

然后，等继任在华耶稣会会长的龙华民到达北京之后，在万历三十九年，即1611年的诸圣瞻节（11月1日），利玛窦的葬礼在北京西郊的栅栏隆重举行。

从为利玛窦申请墓地的始末可以发现，带领庞迪我他们走向成功的是李之藻、叶向高、黄吉士等中国士大夫的鼎力协助。而传教士们之所以会顺利获得他们的帮助，则需归功于利玛窦生前制定的传教策略：尊重中国文化和礼仪习俗，重视与中国士大夫的交往；同时，将西洋文化和科学作为打开门路的工具，以此建筑并巩固与这些士大夫的友好关系；同时，尊重中国文化和礼仪习俗。也正是因为这些结合了中国国情的传教方针，即"文化适应"与"上层路线"并行，才使利玛窦在中国取得了如此非凡的成绩，让他从一名备受怀疑的"西夷"，成为一位名闻天下、受人尊敬的"西儒"。在利玛窦的带领下，第一批在华的耶稣会士们为他们在中国的传教事业打下了坚实的基础。

第三章

以利玛窦为代表的第一批入华的耶稣会士不仅实现了沙勿略 30 年前的悲愿 —— 成功地打开了中国紧闭的大门，更在中国的传教事业上取得了令人瞩目的成就。他们的成功与在华耶稣会早期最重要的传教方针 ——"文化适应"有着密不可分的联系。

中儒与西儒的对话

传教士眼中明末时期中国的宗教

对于想要在中国这片土地上传播天主福音的耶稣会士们而言，了解中国已有的各种宗教可谓是当务之急。因此，不论是在金尼阁以利玛窦手稿为基础所编撰的《札记》里，或是曾德昭所著的《大中国志》中，都单独开列了两章专门介绍中国的各种宗教以及民间信仰。从他们的记录中，可以看到传教士们对当时中国原有的各种宗教的理解与认识。

长期以来，中国的各种宗教之中，最具代表的便是儒、佛（释）、道三家。其中，佛教并不是中国的本土宗教。但从后汉末期传入中国之后，经历了上千年的发展，佛教从思想到教义很大程度上已经本土化，不仅信徒众多，还拥有庞大的社会影响力。在唐代，佛教势力还曾一度达到鼎盛。耶稣会士们在日本传教时便已接触到了东亚的佛教。由于日本的佛僧，尤其是禅宗拥有很高的社会地位及强大的势力，给传教士们留下了很深的印象。所以来到中国后，当得到地方官员希望他们穿僧服的建议时，传教士们欣然接受，并希冀能靠这样的形象接触到更多中国的上层阶级。

然而，在传教士们来华的明朝末期，佛教的影响力已经大不如前。对于佛教在中国的影响，曾德昭做了以下描述："起初，和尚极有势力，很受敬重，人数极多，他们说足有三百万。但到今天，他们的人数与往昔相比已经很少……除了他们本身的圣事礼拜外，中国人对他们已不予重视。"虽然明末时期佛教徒的数量依然庞大，但佛教已经不如往昔那样受人尊敬，跟日本的佛教无法相比。所以当传教士们发现，在中国真正享有盛誉的是儒家学者而不是佛僧之后，很快便脱去僧服，换上了儒士的打扮。

此外，利玛窦还指出佛教的主要信仰群体，除了普通百姓之外，还有宦官。尽管当时佛教的势力不如以往，但依然拥有一定的影响力，这种影响力不仅在民间，更深入到了宫廷。王誉昌在《崇祯宫词》中形容宫殿"宫梁拱之间遍雕佛像，以累百计"。万历皇帝的生母深信佛教，在她去世之后，万历甚至仿照佛经和道经为她刊印了两部经书，以政治力量将她的身份定位成"九莲菩萨"。

但宫廷中最大的佛教信仰群体，正如利玛窦所指出的那样，是宫里的宦官。宦官信奉佛教的现象在中国古代历史中屡见不鲜，唐朝的宦官们甚至还曾对佛教的发展起到了非常重要的推动作用。明代的宫廷之中，依然有众多宦官们信奉佛教。他们积极地向寺院布施、礼敬僧人、修建寺院，等等，死后则多葬于佛寺。关于宦官信仰佛教的理由，曾德昭做出了这样的分析：由于他们在现世中身份低下，身体残缺，往往还要经历宫廷生活带来的痛苦与艰辛，所以他们"深信灵魂转世说"，希望通过虔诚礼佛，积累功德，从而"在来世投生时获得新的形象"。

与佛教不同，中国本土的道教是传教士们此前从未接触过的。对于这门源于老子的哲学思想，同时信奉多种神仙、追求得道升仙之术的宗教，曾德昭做了如下描述：

> 这一教派相信一位大神及别的小神都是肉身的，他们相信荣光和地狱；荣光不仅在来世，也在今世和肉体相结合，他们捏造说，用一种修炼和打坐的方法，有的人可以把自己变成一个孩子，并且年轻，另一些人可以成为神仙，也就是地上有福的人，因此可以得到他们期望的一切东西，能够使自己从一个地方转移到另一个地方，尽管相距很遥远，而且快速和轻易地做到这一点，诸如此类的胡话。

属于多神信仰的道教首先在教义上便与天主教的理论背道而驰。由于道教和佛教皆崇尚"空无"，所以以利玛窦为代表的传教士往往习惯于将佛教和道教归到一起，合称为"佛老"，或者"空玄"。但传教士也意识到了在奖善惩恶方面，佛道二家存在区别，与佛教的"轮回"、"业报"观念不同：

> 这一派（道教）鼓励他们的成员肉体和灵魂一起飞升天堂，在他们的庙里有很多肉身升天者的图像，为了成就这种景象，就规定要做某些修炼，例如固定的打坐，并念一种特定的祷文以及服药；他们许诺他们的信徒，这样做就可以蒙神恩在天上得到永生，或者至少是在地上得享长寿。

对于"成仙"、"永生"的追求，使得道家学问中的一个很重要的部分就是对各种方术的修炼。利玛窦还指出道士的"特殊职责是用符咒从家里驱妖"，并且"自称有能力在旱时求雨，在涝时止雨，以及一般避灾禳祸"。此外，还经常被叫去做祭祀和丧事，甚至在皇帝和官员的祭奠上充当助手，但似乎传教士们并不把道教当作自己有力的竞争对手。利玛窦称："这些骗子所预言的事几乎无一例外地全是错的，所以很难理解那些在别的地方足够聪明的人能提出什么借口和遁辞来相信他们。"

与此同时，在《札记》中，利玛窦还单辟一章专门介绍当时流行的各种迷信活动：例如根据黄历判断吉凶，根据生辰判

利玛窦像

断命运、风水，等等，最后还着重介绍了许多中国人对炼金术和"长生不老"之术的迷恋，并称这些做法"在全国各地特别是在有权势的人们当中是很普遍的"。事实上，利玛窦的好友瞿汝夔就是很好的例子。瞿汝夔在与利玛窦深入交往之前曾非常迷恋炼金术，入教后，也曾因为害怕死亡，渴求永生，一度信仰发生动摇。这些迷信活动与道教有着紧密的联系。明中叶以来，随着道教不断走向"世俗化"和"民间化"，一些民间信仰和风俗习惯被融入道教，并衍生出占卜星象、长生不死、炼金制丹、召神劾鬼、祈禳禁咒等各种方术，而这些都是为天主教教义所不容的。这些定着于人们日常生活之中的文化习俗，不论对中国人的皈依，或是天主教徒的宗教生活都有着很大的影响。所以，与道教的理论相比，对于道教习俗的批判更为传教士们所重视。

三教之中，最具传统、影响力最大的，毫无疑问便是儒家。在董仲舒提出"罢黜百家，独尊儒术"之后，儒家思想一直被朝廷奉为正统思想，是中国社会思想的规范。与对之前两种宗教的态度截然不同，利玛窦对儒家做了极高的评价：

> 在欧洲所知的所有异教徒教派中，我不知道有什么民族在其古代的早期是比中国人犯更少错误了。从他们历史一开始，他们的书面上就记载着他们所承认和崇拜的一位最高的神，他们称之为天帝，或者加以其他尊号表明他既管天也管地。看来似乎古代中国人把天帝看成是有生灵的东西，并把它们共同的灵魂当作一位最高的神来崇拜……他们还教导说理性之光来自上天，人的一切活动都须听从理性的命令。

利玛窦这里所谓的"理性之光"应该就是儒家中常说的"天道"或"天命"。此外，利玛窦还高兴地发现，儒家虽与佛、道并称"三教"，但却有一个根本性的区别，那就是"他们不相信偶像崇拜。事实上，他们并没有偶像"，这是由于儒教一般以思想理论、文字来教化人，而不像佛、道教常以造像的方式来宣扬善恶，感化信徒，据利玛窦记录：

虽然这些被称为儒家的人的确承认有一位最高的神祇，他们却并不建造崇奉他的圣殿。没有专门用来崇拜这位神的地方，因此也没有僧侣或祭司来主持祭祀。我们没有发现大家都必须遵守的特殊礼仪，或必须遵循的戒律，或任何最高的权威来解释或颁布教规以及惩罚破坏教规的人。也没有任何念或唱的公众或私人的祷词或颂歌来崇拜这位最高的神祇。祭祀这位最高神和奉献牺牲是皇帝陛下的专职。

另外，儒家虽然将孔子奉为"至圣先师"，但并不将他奉为拥有超自然能力的神明。利玛窦意识到"每个新月和满月到来时，大臣们以及学士一级的人们都到孔庙聚会，向他们的先师致敬"，但是"他们不向孔子祷告，也不请求他降福或希望他帮助"，因此祭礼只是一种表达崇敬的方式。

如上所述，作为中国官方正统思想系统的儒教既承认有一位最高神，又不塑像崇拜，这与天主教教义中不拜偶像，以及信奉唯一真神的教义是相一致的，而这就为以利玛窦为代表的在华耶稣会士们将天主教附会儒家提供了理论基础。在意识到这点之后，利玛窦等传教士便开始努力强调耶儒之间的一致性，利用儒家学说证明基督教教义符合中国古代一切优秀传统。利玛窦曾在书信中写道："虽然儒家拒绝谈论超自然真实，

孔子与儒家学说（柏应理等《儒教，中国哲学》插页）

但在伦理教诲方面与我们几乎完全一致……所以，我一开始就利用这一教派来攻击其他两教（佛教和道教）而不驳斥儒教。"这么做一方面是因为"同时打击三教，那就会处于非常麻烦的境地"，另一方面则能容易得到文人士大夫，甚至是朝廷的认可。追求"耶儒融合"是在华耶稣会士所实行的"文化适应"策略的最为标志性的表现之一。

西方箴言论儒家伦理

　　在确定了以"西儒"代替"西僧"的传教策略之后，利玛窦便开始着手撰写著名的天主教义问答书《天主实义》，尝试用符合儒家思想的语言解释天主教义。与此同时，利玛窦先编译了两本西方箴言集，它们为他树立自己的"西儒"形象提供了良好基础。

　　《交友论》是利玛窦用中文撰写的第一部著作。利玛窦于1596年写给耶稣会罗马总会长的信中，如此说：

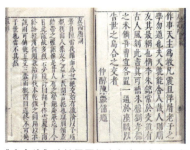

《交友论》陈继儒题词（台湾"中央图书馆"藏）

　　（我）去年曾致力于用中文试撰《交友论》一书，是从我们的书中挑最好的作为参考而编写的，其

中引用许多欧洲名人的遗训或名言，因此引起中国
学人们的惊奇，为使该书更具有权威，我还请大官
冯应京写一序言，后赠送给皇帝的亲属——建安
王。后来不少学者争相传阅、抄录，我也都使他们
称心满意。

建安王朱多㸅是利玛窦在南昌结识的两位藩王之一，论辈
份算是万历皇帝的堂叔祖，他也是利玛窦入华之后受到宾礼相
待的第一位宗室郡王。对西方文化颇感兴趣的建安王想要知道
西洋人如何看待"友道"，《交友论》便是按照他的要求编撰而
成的。在《交友论》中，利玛窦从会院的书籍中收集了上百则
西方明贤的格言，多以哲学家和神学家为主，"加以修饰，适
合中国人的心理编写而成"，目的是论述交友的必要性和重要
性，以及关于交友的原则。

由于在传统的儒家思想中，友谊被认为是五伦（即：君
臣、父子、兄弟、夫妇、朋友）关系之一。当时利玛窦已经
较为熟悉中国的儒家经典，也知道儒家理论对于友谊的重视，
所以便打算利用这次机会，向中国的儒生们宣传西方同样拥
有"友道"，以突出自身文化与儒家思想的一致性。并且，为
了让此书更容易为中国文人接受，利玛窦甚至淡化了教义上
的宣传，而是强调自己与同伴们不远万里来到中国，其目的

在于交友。

　　同时，利玛窦还在文中宣扬"友谊至上"的观念，认为交友应该"相须相佑"，不分贵贱，以及君臣之间应如朋友等。这些新颖的外来文化观念对于理学所谓三纲五常的伦理观念造成了冲击，因此受到了一批中国士大夫们的热烈欢迎。冯应京在为利玛窦所作的《刻〈交友论〉序》中就曾感慨"视西泰子（利玛窦）迢遥山海，以交友为务"，并且称"爰有味乎其论，而益信东海西海，此心此理同也"。利玛窦通过这些他精心挑选的西方格言，赢得了中国士大夫们对他们文化的认同，并使之产生了一种亲近之感，这对于利玛窦树立西儒形象无疑是很有力的帮助。除了冯应京之外，瞿汝夔也曾作《大西域公友论序》，称赞利玛窦"弥天之资……以我华文，译彼师授，此心此理，若合契符"。此后，著名江南文士陈继儒和算学家朱廷策等也都曾相继为《交友论》作文题词。

　　《交友论》极大提高了利玛窦在中国文人之间的声誉。1599年，到达南京的利玛窦向同会的传教士寄赠了一册附意大利语说明的《交友论》，并表示：

> 这本《论友谊》（即《交友论》）为我与为欧洲人争了不少光彩，比我所做的其他事件都要大；因为其他科学之类的书籍只介绍西方的科技或艺术，

而这本书则介绍修养、智慧与文学，因此许多人非
常喜欢这本书……在两处都由别人印刷过，甚受
学者的喜爱。

由于《交友论》受到中国文人的热烈欢迎，1599 年，利玛
窦又编译了另一本西方伦理箴言集，内容从友谊扩展到了更广
泛的伦理问题。由于其中收录了 25 则短论，故题为《二十五
言》。利玛窦称其内容是关于"各种道德问题和控制灵魂的罪
恶倾向的问题"。在这本箴言集中，利玛窦用中国士大夫熟悉
的儒学语言再现了关于"如何自如地处理愿望和厌恶的问题"
这一天主教的原教旨，并强调了"禁欲和德行的高贵"，该书
的内容被认为属于《孟子》所称的言近而旨远的"善言"。

成书之后两年，也就是 1601 年，冯应京在狱中读到了包括
《交友论》和《二十五言》的抄本后，深受感动，并斥资刊印。
不过，根据《札记》中的记录："（利玛窦的）一些中国朋友在
发表以前就阅读过它们（即《交友论》和《二十五言》等）并
衷心表示赞许。事实上，他们认为一直被视为蛮夷民族的外国
人能够这样熟练地谈论如此微妙的问题实在是难以置信，他们
都要求复印他（利玛窦）的文章。"

刊印成书之后，冯应京和徐光启都为之作序。冯应京在序
中将《二十五言》与佛教的四十二章做了比较，希望借此使人

区别带有迷信色彩的佛教道德伦理与天主教伦理，并称"孰可尊用，当必有能辩之者"。冯应京甚至还称在狱中"独籍此免内刑"。徐光启则在序中盛赞利玛窦为"海内博物通达君子"，并声称"启生平善疑，至是若披云然，了无可疑"。关于二人的序文，《札记》中如此记载：

> 两个人的名字大大提高了这本书的权威。这样杰出的人物赞扬还有助于提高基督教的声誉。尤以他们的朋友保禄（徐光启）的赞许为然，他在其中趁机颂扬基督教的原则说，他不仅赞同它们而且已经接受它们，成为了教徒。

《二十五言》为天主教义在中国的传播起到了很大的推动作用，以至《四库全书总目提要》在介绍收录其中的《二十五言》时称"西洋教法传中国，亦自此二十五条始"。

利玛窦、汤若望、南怀仁（杜赫德《中华帝国全志》插图）

　　不论是在《交友论》或是《二十五言》之中，利玛窦都没有过多提及天主教教义，而是选取了与天主教义相容，又符合儒家思想的一些伦理观念作为切入口。这种"既是基督教，又不抛弃其他教派"的做法使得这两本箴言集被更为广泛的人群所接受和欢迎，也为此后传教士们宣传天主教的理论与教义做好了铺垫。

《天主实义》的构成

《天主实义》封面

《天主实义》一共8篇，分成上下两卷。文体上仿照中国传统经典中常见的语录体，以中士和西士对话的形式，解答关于天主教教理教义上的一些常见疑问。由中士，即中国的儒士提出问题或质疑，而西士，即西洋儒士来做解答或释疑。从他们讨论的问题上看，利玛窦所设定的这位中士显然已经对天主教的教理有了一定程度上的认识，然而发现一些地方不同于中国的传统义理，为了做进一步的了解，故而发问。而西士也就是利玛窦本身，则将此视为一个向中国儒生进行天主教教理启蒙的良机，由浅入深，循序渐进地进行回答和引导。

对于其总的内容提要，《札记》中做了以下归纳：

首先它证明了只有一个上帝，他创造了和治理着万物，然后证明人的灵魂不朽以及解释了奖善罚恶，特别是在来世。对于在中国人中间所流行的灵魂轮回的毕达哥拉斯学说则彻底予以驳斥。在文章的结尾还插入一节有关上帝与人的实际论述，最后邀请所有的中国人来找神父们进一步阐明这些道理。

利玛窦这里提到的毕达哥拉斯是古希腊著名哲学家及数学家，他也被认为是古希腊第一个倡导灵魂不死和转世轮回学说的人。其学说宣扬人死后灵魂按生前善恶接受报应，并转生为人和其他生物。由于这一点与佛教的轮回观念有些相似，所以利玛窦在解释轮回观念时先介绍了他更为熟悉的古希腊学派，再加以驳斥。在《天主实义》中，利玛窦将毕达哥拉斯译为"闭他卧刺"，认为由于他的学说"忽漏国外"，佛教"承此轮回，加之六道"。

《天主实义》

清代汉学家在将《天主实义》收录于《四库全书》时，对其8篇内容做了提要：

> 首篇论天主始制天地万物，而主宰安养之；二
> 篇解释世人错认天主；三篇论人魂不灭大异禽兽；
> 四篇辩释鬼神及人魂异论，而解天下万物不可谓之
> 一体；五篇辩排轮回六道、戒杀生之谬说，而揭斋
> 素正志；六篇释解意不可灭，并论死后必有天堂地
> 狱之赏罚，以报世人所为善恶；七篇论人性本善，
> 而述天主门士正学；八篇总举大西俗尚，而论其传
> 道之士所以不娶之意，并释天主降生西土来由。

其后，上述对于各篇内容的总结演变成了各篇的篇名。具
体来讲，首先，利玛窦在第一篇中用了欧洲著名经院派神学家
托马斯·阿奎那（Thomas Aquinas）的方法论，从五个方面证
明上帝的存在。第一，"物之无魂无知觉者，必不能于本所自
有所移动，必借外灵才以助之"，也就是从动力论的角度出发，
证明风吹石动、日月星辰变换必是因为一个外部力量加以推动
而成。第二，"物虽本有知觉，然无灵性，其或能行灵者之事，
必有灵者为引动之"，即从世界的秩序或目的性出发，论证上
帝的存在。也就是以事物的客观规律性或人活动的自觉性为
例，来证明世界万物都是有目的的运转，而这目的的确定者和指

导者自然就是上帝。第三，"凡物不能自成，必须外为者以成立。楼台房屋不能自起，恒成于工匠之手，知此，则识天地不能自成，定有所为作者，即吾所谓天主也"。这一点则是从因果关系进行证明，即从事物之间的因果联系推出第一内因的存在，也就是上帝。第四，"物本不灵安排，其不有安排之者？"该论点认为事物是一个等级的系列，从而推论出必然有一个最高的等级 —— 上帝。第五，"吾论众物所生形性，或受诸胎，或出诸卵，或发乎种，皆非由己也"，最后这点则是从可能性与必然性、从一般的存在和必然的存在来论证的，揭示上帝存在的那种必然性。

第二篇的主旨则是辩斥佛道二教的"空无"之说以及宋明理学的太极之论。利玛窦首先指出上帝并不像佛教所说的那样"虚"、"无"，称"天下以实为贵，以虚无为贱，若所谓万物之原，贵莫上焉，奚可以虚无之贱当之乎！"又说"夫神之有性有才有德，较吾有形之汇益精益高，其理益寔，何得特因无此形，随谓之'无'且'虚'乎？"即不能因为神没有形体而说成是"虚无"。对于太极学说，利玛窦先以古经之中没有此说进行驳斥，称"余虽末年入中华，然窃视古经书不怠，但闻古先君子敬恭于天地之上帝，未闻有尊奉太极者。如太极为上帝万物之祖，古圣何隐其说乎？"然后，将物类分为两者：自立者和依赖者。由于"太极非他物，乃理而已"，而理"或在人心，或在事物"，也就是说理不能脱离"心"或"物"。因此，决不是独立存在的"自立者"，而是"依赖者"，自然无法成为"万物之原"。

第三篇的目的是证明灵魂不灭。利玛窦在这里再次借用了托马斯·阿奎那的学说。托马斯把生物的生长、感觉、欲望、运动和理智等 5 种能力，归纳为 3 类，即生长灵魂（Anima vegetative）、感觉灵魂（Anima sensitive）和理智灵魂（Anima rationalis）。利玛窦在本篇之中，按照这一学说将世界之魂分为三品：下品名曰生魂，即草木之魂；中品名曰觉魂，即禽兽之魂也；上品名曰灵魂，即人魂也。其中，草木之生魂和动物之觉魂是属于物质的，"禽兽之性是形性"，所以，这二魂必须是死后与物质，也就是形体一起消灭。但人类之灵魂是无形之魂；"人之性有神性"，也就是指"人之性，兼得有形、无形两端者也；此灵魂之为神也"，所以，人之魂永远不灭。

第四篇主要是为了区分鬼神与人的灵魂，并辨明天主不能与万物为一体。在上一篇阐明了人的灵魂有别于草木、禽兽，拥有不灭这一特点之后，本篇对鬼神和人灵神体的性质，做了更详尽的辨别，指出灵魂在人体内是人的应有成分，和人的肉体合为一体，而鬼神则没有肉体。之后利玛窦又引据中国古代儒家经典，如《今文尚书》中的数篇，以证明中国古代先儒就曾信奉"人魂死后为不散泯"之说。最后，痛斥泛神论是一种简上主（轻视上帝）、混赏罚、除类别、灭仁义的学说。

第五篇，专门驳斥佛教理论中民间传习最为普遍的宗教观念，即关于"前生"和"轮回"的观念，在本篇中，利玛窦首先介绍了之前提到的毕达哥拉斯学派的"轮回"观念对佛教的影响。然后从"人没有对前世的记忆"，"古今牲畜之灵魂无异"，"与托马斯三魂说不符"，"人形与禽兽不同"，"转世牲畜不算惩戒"，"废除农事畜用且混乱人伦"六点驳斥轮回说"逆理"之处。同时，利玛窦还批判了佛教的"杀生戒"，并阐明天主教斋戒拥有"痛悔补罪"、"清心寡欲"、"助人修德"三种真意。

第六篇，利玛窦将人类定义为具有"灵才"的存在物，这种灵才具有"自由意志"。而人行为的"善恶德慝，俱由意之正邪"，也就是说人的功过善恶均来自造物主为人设有的自由意志，没有意志，就没有善恶可言。由此，利玛窦还引出了死后归宿的问题，他指出世有天堂地狱的赏罚，是为报答世人用自由意志所行的善恶，并引用中国儒家古典之中关于天堂地狱的说法，指出这一观念在儒家思想中存在已久。

第七篇，利玛窦谈论了中国自古以来争论激烈的性善、性恶的问题，他区分"良善"和"习善"两种不同的善，称"性之善，为良善；德之善，为习善"。他指出中国人所说的"性善"是天主赋予的本性而已，"而我无功焉"。人类具有"自由意志"，既可作善，又可作恶。性善不能保证人类善行之必然性。所以，人类必须有以"意志"择善，而成德之"习善"过程。利玛窦说："我所谓功，止在自习积德之善也"，德行贵在实践。人要改恶迁善，必须每天省察，而爱乃一切德行的动力，爱人则基于爱天主。随后，利玛窦又指出"人意易疲，不能自勉而修"，需要瞻仰、依靠天帝的保佑。最后强调天地间只有一个真天主，正教也只有一个。

在最后一篇之中，利玛窦主要介绍了传教士独身的意义与来由。首先，利玛窦列出 8 条理由来说明独身的价值。随后辩驳了儒家"不孝有三，无后为大"的说法，阐述为学道传教而不婚的合理性。最后又提出天主道成肉身、降生救世是教士守独身的来由，介绍了基督降生救援人类的故事，以及通过痛悔和水洗成为天主徒之入教形式等。

总而言之，利玛窦在《天主实义》中借鉴了托马斯·阿奎那等西方思想家的神学、哲学理论，同时大量引据中国古代儒家经典，来谈论和解释天主教教理、教义之中最为基础，也是最为重要的一些理论和原则，以及天主教与佛道等其他宗教的区别。

全篇的结尾是西士的回答最终使中士心悦诚服，中士表达出归信天主的愿望，这也可以说是利玛窦期待《天主实义》取得的效果。

利玛窦这种方式受到了许多中国士大夫的欢迎与肯定，也进一步巩固了他在中国文人心中"西儒"的地位与形象，而《天主实义》一书的出现，不但对中国天主教本土化神学的发展产生了很大推动，甚至还影响了以方以智、黄宗羲、戴震等为代表的一批倡导实学的明清思想家。

《天主实义》的成书与刊印

1581 年，罗明坚用拉丁语编写了一部教理问答书，并将其中部分章节翻译成了汉语。范礼安获知此书之后，曾指示罗明坚将其付梓刊行，但最终未能实现。之后，利玛窦在一位中国秀才的帮助下对中文译文部分进行润色、添削，取名为《新编西竺国天主实录》，此书于 1584 年在肇庆出版，这本《天主实录》被认为可能是利玛窦之后所编《天主实义》的原形。关于《天主实录》的写作及刊印的始末，《札记》记载：

> 在家庭教师的帮助下，他们（神父们）用适合百姓水平的文体，写了一部关于基督教教义的书。其中驳斥了偶像崇拜各教派的一些谬误，所发挥的主要论点都印了自然法则的例证，是很容易被人接受的。其余的则特别保留下来作为教导新信教徒之用。神父们自己对于处理每个过程，写得还不很内

行，他们也不知道中国会不会赞同他们写中国字的形体。他们自己刊布这第一卷，用他们自己的机器付印，有教养的中国人惊叹不已地接受了它。长官特别喜爱这部书，印了许多册，在国内广为流传。因此，基督教的原则传播到各地，轻易地进入了作者们在多年努力后尚未渗入的各个地方。用这个方法，基督教信仰的要义通过文字比通过口头更容易得到传播，因为中国人好读有任何新内容的书，也因为用象形文字所表达的中国著作具有特殊的力量而表现力巨大。

这里所指的长官，便是第一个翻刻利玛窦所制世界地图的肇庆知府王泮。虽然利玛窦对这一版《天主实录》带来的收效评价很高，但是毕竟传教士们来华不久，对汉语的掌握程度尚不太高，尤其在写作上依然难免过于简单、生硬。而且如利玛窦所言，第一版《天主实录》是用适合百姓阅读的文体所写，并且主要用途是教导新入教的信徒。所以要真正获得中国知识阶层的肯定与理解，则还需要进行大幅度的修改，所以1596年，当利玛窦首次进京失败，回到南昌后，开始对首版《天主实录》进行重新修订，并以新版彻底代替原来的版本。《札记》中记录：

> 一旦他们在这里（南昌）定居之后，这些因阅历而变得聪明了的教士们，比他们在广东省时更善于切合目标地安排他们的住所。大约在这个时刻，利玛窦神父修订了他的教义问答，把它增补、整理得好像是出自文人之手。它的读者不再像过去那样会憎厌可恶的和尚的名称，或者书中所谈论的宗教崇拜了。新版出现时，旧印本就被毁版和抛弃了。

可见，利玛窦不但对原版本的语言进行了润色，在内容上进行了修改，更抛弃了原来借鉴的佛教用语，而是改为中国文人更容易接受的儒家术语。很快，修订完的《天主实义》（初名《天学实义》）便进入了校正过程。同年，利玛窦在写给罗马耶稣会总会长的信中提到："纂写已久的《天主实义》目前正在校正之中。希望这本较以前的版本更好，一些我们的朋友看过其中几章，认为不错，曾力劝我们快去印刷。"

但是利玛窦并没有马上将这一版本付诸刊印，原因是耶稣会内部的出版物审查制度颇为严格，不经过果阿宗教裁判法庭的批准，亚洲传教的耶稣会士们不允许发表。然而，暂且不论遭遇海难和抢劫的危险，将原稿送回果阿审查，通过审查后再送回来，这一过程本身起码也要耽搁好几年。所以 1599 年时，利玛窦曾在书信中抱怨道："我不印什么，也无法印什么东西，因为要在这里刊印什么，必须经过我们的人层层批准，我就不敢一试了。不会中文，也无法看懂，居然还要审查中文原稿！"所以在中国，耶稣会士们常常以手抄稿来弥补刊印缓慢的缺陷，但如果一些中国文士在看到这些抄本之后，愿意出资刊印，便不用受审查制度的干预。

1601 年，冯应京刊印的除了之前提到《交友论》和《二十五言》之外，还有这本《天主实义》。《札记》中记录："利玛窦神父把自己的教义问答的草稿送给他（冯应京）审阅。他送草稿的目的是要改变冯慕冈（即冯应京）的思想，而不是要他修改文章，他答复说他非常喜欢这部著作，他要求同意马上刊行，但利玛窦神父认为自己应再看一遍，做进一步的修订。他说它还没有成熟到可供采摘，而需暂时留在太阳下以待成熟。"然而，冯应京认为真正重要的不是文字上的修饰，而是内容和其所蕴含的意义，因此坚持出资刊印。冯应京在序文中赞誉此书的精髓是以儒家经典之中的上帝之说来批判佛道之空虚，称："是书也，历引吾六经之语，以证其实，而深谭空之误，以西政西，以中化中。"而利玛窦自己也明确指出了自己引用儒家经典的用意："这本新著作所包含的全是从理性的自然光明而引出的论点，倒不是根据圣书的权威。这样就铺平并扫清了道路，使人们可以接受那些有赖于信仰和天启的知识的神秘了。这本书里还包含摘自古代中国作家的一些合用的引语，这些段落并非仅仅作为装饰，而是用以促使读别的中文书籍的好奇读者接受这部作品。这本书还驳斥了所有中国的宗教教派，只有像圣哲之师孔子所发挥的那种根据自然法则而奠定并为士大夫一派所接受的教派除外。"

李之藻《天学初函》

两年后，利玛窦在耶稣会的上司正式批准了此书的刊印，于是利玛窦重新修订《天主实义》后在北京进行了刊刻，并亲自撰写了《天主实义引》。1605年，李之藻又在杭州对《天主实义》进行了重新刊印，并作了《天主实义重刻·序》，其中称赞"利先生学术，一本事天，谭天之所以为天，甚晰"，又总结其内容为"睹世之袭天佞佛也者，而昌言排之"。之后，李之藻还将此书收入了他所编的《天学初函》之中。1607年，利玛窦的好友王汝淳再次重刊此书，并在《重刻天主实义跋》中称："今圣道久湮，得闻利先生之言，不啻昆弟亲戚謦欬其例也。淳不佞深有当焉，特为梓而传之。"

除上述在中国境内的刊印外，在短短几十年中，《天主实义》还在东亚各国被数次重印。据法国耶稣会士费赖之（Louis Pfister）所撰《明清间在华耶稣会士列传》介绍，1604 年《天主实义》被翻译成日语；范礼安曾三次在澳门重印此书；1630 年，在交趾支那，即今天的越南南部，《天主实义》被两次翻刻，之后还被翻译成了高丽语，而清朝之后的翻刻更不计其数。

费赖之图像（土山湾博物馆藏），《列传》法文版封面

"补儒"——选择性的耶儒融合

《天主实义》的主旨是从"西儒"的立场出发，引据并附会儒家经典中的理论，来驳斥佛道两家的思想。徐光启曾将利玛窦的这种神学思想归纳为四个字——补儒易佛。简而言之，便是将天主教与儒家思想相融合，并以天主教之天堂地狱观念来弥补儒家在"惩恶扬善"上的缺失，使儒学变得更为完善；同时排除佛道，以及其他中国民间信仰带来的影响。

在利玛窦看来，儒家并不是一个正式的宗教，而只是一种学派，是为了齐家治国而存在的一种自然的人本主义，因为儒家不拜偶像，没有祭祀阶层，即神职人员，也没有正式的经文，并且真正的儒学理论并不探讨创世论，即世界是如何被创造，或是被谁创造的，所以儒家思想在神学原理上并没有与天主教直接冲突的地方，是可以加以附会与融合的。

然而，这种与儒家的融合，并不是全盘接受，而是有选择性的。儒家思想在明末时期的主流是程朱理学与陆王心学，但利玛窦却选择追根溯源，引用古代的儒家经典，以证明儒学与天主教的相契。这主要是因为以下三个原因：

第一，与宋明理学中强调的"理"或"气"不同，儒家古经中出现的"天"或"上帝"观念与天主的概念更为接近，更符合天主教的神学理论。先秦儒家经典中的"天"代表着一位至高无上的神明，这是儒学与天主教融合的基点。然而，这种"天"的观念到了理学的系统中，却演变成了"理"和"气"，成了一种形而上学的自然法则。所以关于自然的课题，利玛窦选择了"附会先儒以反对后儒"。在《天主实义》第二篇中，利玛窦从先秦儒家典籍中引据了十一段出现"上帝"一词的文字，并将其作为"天主"的同义词使用，当然实际上，这一作法剥离了儒家思想中"天"原本带有的自然含义。

第二，先秦儒家经典之中也含有灵魂不朽，以及与天堂地狱相近的学说。利玛窦在《札记》中提到：

　　他们（儒家）的信条包括一种善有善报、恶有恶报的学说，但他们似乎只把报应局限于现世，而且只适合用于干坏事的人并按他们的功过及于其子孙。古代人似乎不大怀疑灵魂不朽，因为人死后的很长时期，他们还常常谈到死去的人，说他上了天。但是，他们根本谈论的还是恶人在地狱受罚的事。

虽然这与天主教宣传的理论并不完全相同，但足以使利玛窦对此加以利用，来证明耶儒二教的共通性。然而，在宋明理学之中，却不再强调灵魂不灭。正如利玛窦所言："较晚近的儒家教导说，人的肉体一死，灵魂也就不复存在，或者只再存在一个很短的时间。因此，他们不提天堂或地狱。"

第三，儒家所讲的"仁"的观念，与天主教宣扬的"爱"有一定的相似之处。利玛窦认为，儒学所强调的"仁"就是爱人，即所谓"仁者爱人"，而天主教宣扬的爱天主也并非抽象的，必须要通过爱人来表现，因此爱天主自然也是爱人的。由此，利玛窦将耶儒二教的核心思想对接到了一起。

儒学发展到宋明时期，开始以心性伦理为本位，同时吸取佛教的心性本体论和道家及玄学的自然人性论，突出主体思维，致力于身心修养。所以对于融入了佛道思想的宋明理学，利玛窦持有的是批判的态度。对于宋明理学，利玛窦在《札记》中如此评价道：

> 儒教目前最普遍信奉的学说，据我看似乎是来自大约五个世纪以前开始流传的那种崇拜偶像的教派（佛教）。这种教义肯定整个宇宙是一种共同的

物质所构成的，与天地、人兽、树木以及四元素共
存，而每桩个体事物都是这个连续体的一部分。他
们根据物质的这种统一性而推论各个组成部分应该
团结相爱，而且人还可以变得和上帝一样，因为他
被创造是和上帝合一的。我们试图驳斥这种哲学，
不仅仅是根据道理，而且也根据他们自己古代哲学
家的论证，而他们现在的全部哲学都是有负于这些
古代哲学家的。

利玛窦认为，汉代以后的儒学，尤其是宋明理学，流于空
虚，不切实务，泯灭了先秦儒学"事天"的真意，因此需要天
主教信仰来进行纠正，以恢复儒学旧观。

利玛窦这种提倡恢复先秦儒学思想的观念得到了许多明
末士大夫的欢迎，这与明末的社会环境有着密切的联系。明朝
从中期开始便不断走向衰败，尤其到了明末时期，更是经历了
重重叠叠的社会危机：天灾与人祸导致饥荒频发；朝廷由于财
政紧缺，皇帝贪财，派遣宦官作为矿监税使，四处搜刮民脂民
财，不但严重影响了生产的发展，更不断激起暴乱和民变；而
国穷兵弱的明政府在边疆上还不断遭受来自外部的威胁与侵
扰。在社会生活的各个领域都危机四伏，国家处于内忧外患之
际，学风更是在空泛中走向极端。由于理学重视概念争辩，而

脱离社会实际，所以最终流于空虚迂阔，被认为是"空谈心性"。儒家思想之中原本就存在崇古的思想，而在被当时有识之士们公认为"天崩地解"的明末时期，利玛窦的这种提倡借天主教的思想，恢复先秦儒学，重现"唐虞之治"的观念，获得了包括徐光启、冯应京、杨廷筠等在内的一批士大夫的高度认同。徐光启甚至在《辨学章疏》中提出，只有天主教才能"补益王化，左右儒术，救正佛法者也"，并称若能举国信奉天主教，则"数年之后，人心世道，必渐次改观"，"兴化致理，必出唐虞三代上矣"。

"易佛"——对释老之学的彻底排斥

利玛窦在《札记》中指出儒家在中国的知识阶层中占有绝对地位，其至声称"凡做学问有了名气的人或从事学问研究的人，没有一个是再相信任何别的教派的"，但实际上，士大夫群体之中认同佛教思想，热衷于与佛僧参禅论道之人并不在少数。正如美国汉学家孟德卫（David E. Mungello）指出的那样，"一位士大夫可能在公开场合是一位无可挑剔的儒士，在私人生活中则实践道教延年益寿的技巧，而安葬父母时采用的又是佛教的仪式"。例如，与利玛窦一直保持着友好关系，并为申请墓地一事做出很大贡献的叶向高就经常参与佛、道两教的活动，并且热衷于修建寺庙，而与徐光启、李之藻并称"明末天主教三大柱石"的杨廷筠在归信天主教之前，曾是虔诚的佛教徒。如何赢得这些认同佛教思想的儒者的认同，使之加入天主教的阵营之中，则是在华耶稣会士们在贯彻"文化适应"与"上层路线"策略时最重要的任务之一。

利玛窦对于宋明理学的主要批判，在于理学吸收了佛道两家的一些思想，使得很多儒学中原有的观念被重新解释，不再与天主教的理论相契，所以究其根本，依然还是对于佛道两家本身的批判。这一方面当然是因为佛道两教在明代依然势力庞大，是天主教争夺信仰市场时最有力的竞争对手。但其中最主要的原因在于，佛道两教与天主教理论在神学理论上存在对立。

首先，在万物起源这一点上，道教认为"物生于无"，佛教则说"色由空出"，"空无"可以说是释老之学的核心，这显然"与天主创生万物之理大相刺谬"。所以利玛窦首先从本原论的观点出发，指出万物之所由生者，即万物本原，必定是高贵的，而空无是低贱的，因此不可以当作万物本原，随后又从存在论的角度出发，强调只有诚有之物才可生出诚有之万物，虚无即不诚有，即自身非存在者，它不可以使本身不存在的东西成为存在。

第二，天主教属于一神教，信奉天主为唯一真神，并且反对偶像崇拜，但佛教则主张一切生命都是"因缘所生"，而非由一个全能的造物主所创，而且佛教徒中，敬拜佛像的现象盛行，而道教除了崇拜偶像，还是彻彻底底的"多神论"，与天主教的理念完全背道而驰。

不过，在排斥佛道二教思想时，利玛窦等传教士往往以佛教当作自己的主要对手，虽然经常释老并提，但实际上偏重于佛教。例如，《天主实义》中的第五篇就是专门驳斥佛教的因果轮回以及杀生戒律等核心理论的，这主要是因为道教在明代虽然曾一度受到宗室的重视与优待，但在明末清初，其社会、政治、学术影响力皆不如佛教。而另一方面，由于佛教的世俗化和佛学的衰颓，引起了一批士大夫的不满。例如，徐光启在《辨学章疏》中指出"佛学之于风化损"，称：

> 臣尝论古来帝王之赏罚，圣贤之是非，皆范人于善，禁人于恶，至详备极……一法立，百弊生，空有愿治之心，恨无必治之术。于是假释氏之说以辅之……奈何佛教东来，千八百年，而世道人心，未能改易，则其言似是而非也。

所以，传教士们把主要精力放在了"斥佛"之上。对于道教，传教士则更注重对于道教中的宗教仪式以及由道教衍生出来的民间信仰和风俗习惯进行批判。

随着宋明理学吸收了一部分佛老思想，三教理论变得越来越趋同——于是逐渐出现了一种"三教合流"的现象。"三教合一"一直被认为是唐代之后中国思想发展史的总体趋势。宋元时期的三教融合，主要是从社会功能的角度调和三教的矛盾，但是到了晚明时期，一种认为三教之间具有内在统一性的社会思潮开始彰显。嘉靖年间，受到融入佛老思想的宋明理学的影响，福建诸生林兆恩还创立了主张儒、释、道三教归一的半民间宗教——"三一教"，该教认为"道一而教三"，并强调三教在心性之学上是一致的，这种融合了三教的民间宗教在江西、浙江、南京地区流行。在三一教的神庙里，孔子、老子和释迦牟尼的塑像被供奉在同一个祭台之上，三一教的影响不仅仅限于民间，明末学者之中也不乏赞成这一观点的，与利玛窦曾有过数次交往的晚明著名思想家李贽亦主张三教归一，称"儒释道之学，一也，以其初皆期于闻道也"。

但在利玛窦等天主教传教士看来，这种诸说混合的现象，无疑是一种宗教混滥的堕落表现，甚至还称其为"一身三首"的怪兽，对于"三教合流"，利玛窦曾激烈地批判道：

> 目前在中国凡是受过一点教育的人中间最普遍为人接受的意见是，三大教实际已合为一套信条，它们可以而且应该全都相信，当然，由于这样的评价，他们就把自己和别人引入了令人无所适从的错误境地，竟相信谈论宗教问题的方式越不同，对公众就越有好处。实际上，他们最终所得到的东西与他们所预期的完全不同。他们相信他们能同时尊奉

所有三种教派，结果却发现自己根本没有任何一
种，因为他们并不真心遵循其中的任何一种。他们
大多数公开承认他们没有宗教信仰，因此在佯装相
信宗教借以欺骗自己时，他们就大都陷入了整个无
神论的深渊。

除了批判三一教在宗教实践上的混乱之外，利玛窦还指
出了儒释道三家在教义上的不相容。他在《天主实义》中称：
"三教者，一尚无，一尚空，一尚诚有焉。天下相离之事，莫
远乎虚实与有无也"，也就是说，崇尚"虚无"的佛老之学与
崇尚"实有"的儒家思想在根本上是存在冲突的。他的这一观
点得到了一批不满儒学因为吸收了佛老思想而变得"空虚"，
倡导学术应该以务实为本，"经世致用"的士大夫们的赞同。
例如冯应京在《天主实义·序》中就完全接受了利玛窦的理
论，认为佛儒之间存在无法调和的矛盾，称：

空之说，汉明自天竺得之……夫佛，天竺之
君师也。吾国自有君师，三皇、五帝、三王、周
公、孔子，及我太祖以来，皆是也。彼君师侮天，
而驾说于其上；吾君师继天，而立极于其下。彼国
从之，无责尔。吾舍所学而从彼，何居？

《畸人十篇》与《七克》

　　《天主实义》在士大夫群体中大获成功之后，利玛窦又撰写了它的姐妹篇《畸人十篇》，1608 年刻于北京，1609 年南京及南昌重刻，之后亦被收入李之藻所编《天学初函》之中。

　　体例上，《畸人十篇》延续了《天主实义》的语录问答体。不过这一次，对话的双方不再是简单笼统地分为"中士"和"西士"，除了末篇之外，基本每篇都列出了提问者的姓氏及官职、身份。因此，与《天主实义》中的模拟对话不同，《畸人十篇》的各篇内容实际上是根据利玛窦与九位明代士大夫的实际交流谈话为基础编写而成的。并且，这一次探讨的内容不再是神学理论，而是天主教信仰在人们日常生活中的实践与应用。

　　第一篇是利氏与吏部尚书李戴之间的对话，题为"人寿既过误犹为有"，主旨是劝人不可只追念过去的岁月，要珍惜时光，善用光阴，勤于修道养德；第二篇是利氏与吏部尚书冯琦之间的对话，题为"人于今世惟侨寓耳"，讲的是人类因为原罪而经历人生的苦难，但世间非人本乡，天堂才是人们真正的家乡。所以，人当于此修德以归大本；第三、四篇均是利氏与时任翰林院庶吉士的徐光启之间的对话。第三篇题为"常念死候利行为详"，第四篇题为"常念死候备死后审"。在这两篇之中，利玛窦探讨了中国人最忌讳的死亡问题，提出常念死亡并非不吉，并指出常常思考死亡，能有助于提醒人们明确人生的目标与意义，免于世界的诱惑。

第五篇是利氏与当时出任吏科都给事中曹于汴之间的对话，题为"君子希言而欲无言"，谈论的是言官应该怎样说话的问题，教导人正言以养德；第六篇是利氏与曾任工部都水清吏司郎主事和郎中的李之藻之间的对话，题为"斋素正旨非由戒杀"。主要论述斋戒的意义，使人明白佛耶二教斋素的不同，内容上与《天主实义》第五篇后半部分存在一定相似；第七篇是利氏与曾任江宁分守道的吴大参之间的对话，题为"自省自责无为为尤"，说明了圣凡之别与成圣之路，并探究吴氏提出的"坐功"，也就是静坐内省，是否有益于长寿的问题。

第八篇是利氏与龚大参之间的对话。龚大参具体官名不祥，或曾以广东布政使司参政，分守南韶连道。本篇题为"善恶之报在身之后"，否定了佛教的六道轮回学说，并论述了天主教的祸福赏罚观念，及天堂地狱的喜乐与痛苦。本篇主要是对儒家而言，所以篇幅最长，也最受欢迎；第九篇是利氏与韶州的一位名为郭敦华的教徒之间的对话，题为"妄询未来自速身凶"篇，用心理学的方法说明了相信算命看相为迷信行为，并阐明了天主教禁绝算命的道理；第十篇，利氏没有说明对话另一方的姓名，但从内容上可推测其为利玛窦在南昌传教时施洗的一名教徒。本篇题为"富而贪吝，苦于贫屡"篇，劝导人不可贪财吝啬，当以性命德性为宝。

《畸人十篇》的西文书名为"悖论"（Paradoxes），即似非而是的议论，而"畸人"则是指其言行奇特与世人迥异。之所以取这样的题名，是因为书中"包含的道德训诫是中国人闻所未闻的"，"是一种以对死亡的反复沉思作为维持人生的正当秩序的方法"。在解释天主教教理教义上，《畸人十篇》被认为与《天主实义》"相辅行世"，所谓"间以语听者不解，利子乃为《天主实义》以著其凡能。听者解矣，利子乃为《畸人十篇》以析其义"。

通过利玛窦的这些中文著作，传教士们的"西儒"形象进一步为许多中国士大夫所接受，而其他耶稣会士也在利玛窦的带领下，在传教过程中，积极遵从中国的礼仪，融合儒家学说，加深与文人士大夫阶层的交往，并在宗教实践上，放宽对中国信徒的要求，允许他们参加祭祖、祭孔等活动。这种柔软灵活的"文化适应"策略使耶稣会在华传教事业取得了良好的开端，并呈现出进一步发展的前景。然而在利玛窦去世后，接替他成为中国传教会会长的龙华民却对这种策略提出了公开的批判，认为不该用儒家典籍中的"上帝"类比天主教中的"天主"，反对信徒参加有偶像崇拜嫌疑的祭祀活动，并将传教重点从士大夫转向一般民众。但策略的转变使得耶稣会的传教活动连连受挫，在华的传教事业发展严重受阻。为了回转局面，传教士庞迪我延续了利玛窦的方法，在 1614 年出版了《七克》一书。

《七克》是一部通过论述道德修养，来弘扬基督教宗旨的论教书籍。该书的主旨是讨论如何克服人性中常见的七种罪恶意念，即"以谦伏傲"、"以仁平妒"、"以施解贪"、"以忍熄忿"、"以

《七克》(台湾"中央图书馆"藏)

淡塞饕"、"以贞防淫"、"以勤策怠"。论述过程中，庞迪我一方面引用儒家经典中圣哲们的警句来证明天主教的观点近乎儒学，以实现"合儒"与"补儒"的目的；另一方面，不遗余力地攻击佛教的因果轮回之说，完全继承了利玛窦的"补儒易佛"思想。与此同时，庞迪我还大量引用《伊索寓言》、《圣经》故事，以及欧洲古代哲人的名言来增强他的论点，使内容

更为丰富生动，引人入胜。

耶稣会在中国最忠实的支持者之一 —— 徐光启，一如既往地给予传教士们极大的帮助。在《七克》完成之后，徐光启亲自为之润色，并为赋诗《克罪七德箴赞》，称颂此书的价值。由于书中很多观点与儒家思想相契，《七克》在中国的知识阶层收获了很高的评价。为该书作序的东林士人熊明遇更是称赞庞迪我"无异儒生"。

《七克》一书不仅成功地受到了一部分中国士大夫的重视与肯定，在耶稣会内，也被奉为护教的经典之作。借着此书，庞迪我在一定程度上重振了利玛窦倡导的"文化适应"策略。然而，不论是利玛窦或是庞迪我，他们将天主教教义附会儒家思想只是一种手段，其最终目的，并不是"补儒"，而是"超儒"，即证明天主教是唯一真理与正教，并以此建立新的文化体系。虽然需要在实践上做出一些妥协和让步，但要想在以儒学为正统思想，以士大夫为政治社会主导力量的明清时期，使天主教获得朝廷的肯定，取得合法地位，这样的"文化适应"显然是最有效，也是唯一可行的选择。

第四章

耶稣会士们带入中国的自鸣钟、望远镜等西洋器物，不但引起了中国人对欧洲文化的好奇，更激起一批知识分子对西方科学的探索热情，拓宽了他们的眼界。为了迎合知识阶层的兴趣与需求，在华耶稣会士们选择了将传教与传播西学相结合的方式，通过著书制器向中国传达一部分与天主教理念相契的西方科学原理与实践经验。

『西国大学师』
——从西学传播到历法编修

科学为工具

利玛窦在《札记》中如此描述了他们在中国施行的知识传教策略：

> 上帝表现了不止一种方法把人们吸引到他身边……任何可能认为伦理学、物理学和数学在教会中并不重要的人，都是不知道中国的口味的，他们缓慢地服用有益的精神药物，除非它有知识的佐料增添味道。

刚进入中国内地不久，利玛窦便向会内汇报了他在中国的见闻，以及他对中国文化的认识和了解。在书信中，除了中国的风土人情、宗教信仰以外，利玛窦还专门提到了中国在科学上的成果，并给予了极高评价：

中国人的智慧，由他们聪明的发明可以得知……例如医药、一般物理学、数学与天文学等；真是聪明博学。他们计算出的日、月蚀非常清楚而准确，所用的方法却与我们不同；还有在算学上，以及在一切艺术和机械学上，真是令人惊奇。这些人从没有和欧洲交往过，却全由自己的经验获得如此的成就，一如我们与全世界交往所有的成绩不相上下。

显然，利玛窦的介绍之中存在夸大其词的部分，当时中国的科学发展明显落后于同时代的欧洲。但是毫无疑问，中国在科学，尤其是天文、数学上有深厚的基础，只是方法、技术上自成体系，与欧洲的研究方法完全不同。正是因为中国在科学上原本就有一定的基础和成就，才使得中国的知识分子在接触到西方科学之后，立即产生了好奇与兴趣。传教士们用新奇的欧洲科学知识震惊了整个中国知识界，以充满逻辑性的推理证明了它们的正确性。

中国人接触西方科学的契机则是传教士们从欧洲带来的奇物珍宝。如前所述，传教士们进入中国之时，携带了各种西洋器物作为疏通官界关系、与权力阶层结交的礼物与工具，这些奇物的出现，立刻引来了许多人的参观。不论是钟表，还是欧洲的图画、塑像、数学计算法、浮雕地图，在中国全都是从未一见的新奇之物。从普通民众到文人学者无不对其惊叹不已。学者们赞叹的不仅是这些西洋珍宝的表象，更敬服于其背后蕴含的科学原理。利玛窦称：

> 他们发觉，我们的科学从根本上比他们的更坚实，而且总的来说中国人，尤其是有知识的阶层，直到当时对外国人始终怀有一种错误的看法，即把外国人都归入一类，并都称之为蛮夷。这样他们终于开始明白国与国之间存在的真正区别。

原本对自己的科学成就颇为自负的中国学者，很快就从西方科学那里感受到了自己的差距与不足，这也是他们愿意进一步与传教士交流、接触的动机。而在与这些中国学者谈论科学的过程中，传教士则会寻找适当的机会，将话题引到信仰与教义的问题上。这种方式在中国的知识阶层之中取得了非常显著的成效，绝大部分的奉教士人都是以科学作为契机，逐渐对天主教产生兴趣，并最终接受信仰。所以利玛窦在写给罗马耶稣会总长的信中，曾热切希望总长再为他们多送来一些东西，并称这些是他们"侍奉天主的最好工具"。

中国学者们对科学的兴趣，与明末时期实学思潮的兴起有

木制六棱形天文望远镜（故宫博物院官网）

紫漆描金花反射望远镜（故宫博物院官网）

很大的关系。由于宋明理学混入了佛老思想，崇尚思辨，流于空虚，所以摒弃理学，恢复原始儒学的素朴面貌，成为当时许多学者的共同追求。他们倡导回归古学，复兴经学，追求"经世致用"的务实之学，在传教过程中，利玛窦等传教士利用学者们这种尊崇"实学"的心理，宣扬天主教以"实"为主旨，并将科学作为传教的工具。

在确定这一传教策略之后，利玛窦便常常强调自己在科学上的才能。例如在肇庆时，当有官员问起利玛窦的身份与才能，利玛窦便自称是一个星象家和天文学家，并会绘制世界地图，使那位官员肃然起敬。而在向皇帝进献贡品的奏疏中，利玛窦也强调自己在学术上的成就，称"臣先于本国，忝与科名，已叨禄位，天地图及度数，深测其秘，制器观象，考验日晷"。利玛窦等人原本便在大学和初学院受过良好的教育，具有神学、人文和自然科学方面的较高素养，尤其利玛窦本人还

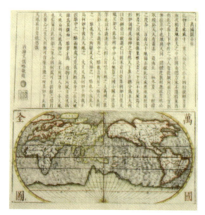

万国全图（美国国会图书馆官网）

曾师从著名的数学家克拉维奥神父，所以在向中国人介绍西方科学原理时可谓得心应手。在发现科学对中国文人学者的诱惑力之后，利玛窦还专程写信向耶稣会总部要求派遣更多有一定科学造诣的传教士来华。

在传教方法上，利玛窦发现在中国演讲布道远没有著书立说来得有效。因此除了撰写《天主实义》等神学著作，传教士也致力于翻译一些西方的科学著作。随着这些著作在中国知识阶层中的流通、盛行，传教士博学多才的声誉也日益增强。最后，传教士还受到一些与他们交好，并认可西学价值的朝臣们推荐，进入了朝廷所设的历局，依照西洋历法编修新法历书，掀起了中国历法的改革。此举不仅标志着传教士的价值受到了中国官方的认可，更使传教士们在朝中占有了一席之地。虽然传教士们的本意是通过介绍西学，来达到宣扬天主教的目的，然而作为结果，他们的努力却极大推动了中国本土的科学发展，并帮助已经开始与世界脱轨的中国人重新认识这个世界。

《坤舆万国全图》

在接触传教士传入的西方地理学知识之前，中国人根深蒂固地相信着"天圆地方"这句古老的格言，不仅从未听过万有引力，也没有见过按子午线、纬线和度数来划分的地球表面，更不知道赤道、热带、两极，甚至对世界的规模也缺乏认识。

利玛窦进入中国内地之后，发现中国人非常重视绘制地图，中国的各省乃至重要的城镇都有地图，并且中国人对他携带而来的世界地图也颇感兴趣。然而，在那幅地图上，中国不再像传统中国人心目中一样，处于世界的中心，这样的改变让一直认为自己是"世界中心"的中国人难以接受，于是，在肇庆知府王泮的建议下，利玛窦在肇庆重新绘制了一份地图，把中国的位置在图上由偏东移向偏中。同时在地图上做了包括公里、时区和地名等在内的中文说明。王泮给这幅地图命名为《山海舆地全图》，并加以刻印发行，一时间产生了意想不到的热烈反响。就连利玛窦本人也没有料到会带来如此效果，他在写给耶稣会罗马总会长的书信中写道："其中不无错误，部分原因在我，首先因我不曾尽心绘制，同时我也没想到这么快便印妥了；部分是印刷上的手民之误。"随后又称"您应知道这张地图在中国是多么受到重视，还是知府本人在他官邸中亲自督印的。但他不愿卖给任何人，而只把它当作重礼，赠送给中国有地位的人"。

尽管存在不少错误，但是利玛窦绘制的这幅世界地图依然让他成了将西方地理传入中国的始祖。在意识到这幅地图对传教工作带来的益处之后，利玛窦也在不断改进自己的世界地图。据考证，他生前对自己的地图至少做了 3 次以上的修订，而出版的各种石印本、摹绘本达到 14 种以上。并且，地图的名称也有多次改动，有世界图志、世界图记、舆地全图、世界地图、两仪玄览图、万国图志等各种名称，而其中最著名的《坤

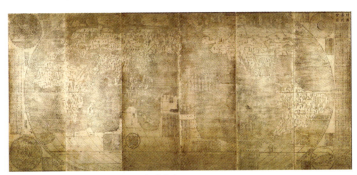

《坤舆万国全图》（美国明尼苏达大学藏）

舆万国全图》是利玛窦绘制的最后一幅世界地图，由李之藻在北京印制。

这些地图带来了全新的地理知识，为中国的学者们打开了眼界。方豪先生曾指出其主要体现在以下 6 个方面：首先，利玛窦被认为是中国地理学史上第一个用近代科学的方法和仪器进行实地测量的人。利玛窦绘制世界地图运用的是欧洲常用的"平面投影绘图法"，通过日影、时令表、星盘、日月食等测定中国各大城市的经纬度。第二，翻译地名。利玛窦在《世界地图》中翻译的地名、海名以及其他专有名词，许多沿用至今，例如地中海、南北极、经纬线、赤道，等等。第三，吸收并体现了欧洲地理新发现的成果。利玛窦绘制的《万国图志》附有自撰图解说明，列出了南北美洲、非洲南半部以及海中的各种岛国，等等，并做出大略说明。第四，介绍五大洲观念。利玛窦在《坤舆万国全图》图解中详细介绍了五大洲及其中著名的国名、地名、河名，等等。第五，区分地带，将地球自北而南分为五带。第六，通过对当时世界各国的文物、风土人情的介绍，使中国人大开眼界，弥补了古代中国对世界地理认识的缺乏与不足。

继利玛窦之后，庞迪我和熊三拔亦对西方地理学在中国的传播做出了很大贡献。明天启三年（1623），意大利传教士艾儒略（Giulio Aleni）根据庞迪我和熊三拔的底稿，加以增补，编成《职方外纪》，《四库全书总目提要》称其"所纪皆绝域风土，为自古舆图所不载"，卷首插有《万国全图》，分为西半球、东半球两幅，或许是在利玛窦所绘《坤舆万国全图》的基础上修订而成。此外还有更为详细的《五大洲总图》。在内容上，《职方外纪》中所述世界地理远比利玛窦的介绍更为详细，总共简要介绍了当时鲜为中国所知的大陆国家 42 个、岛国（屿）21 个及海洋 27 片，该书被认为是我国最早的中文版世界地理专著，其中系统地介绍了地理学知识，加深了中国人对整个世界的认识。

《几何原本》

古希腊著名数学家欧几里得（Euclid）所著的《几何原本》是最先被翻译为中文的西方数学著作。利玛窦在罗马学院时曾师从著名的耶稣会数学家克拉维奥。克拉维奥不仅是开普勒和伽利略的好友，也是修撰格列高利历书（Gregorian calendar）的主要负责人，所以利玛窦在数学上颇有造诣。来华后不久，利玛窦便尝试将老师克拉维奥校订增补的拉丁文本《欧几里得原本》（共 15 卷）译成中文。

最先尝试翻译《几何原本》的人是瞿汝夔。虽然他最初接触利玛窦的动机是学习炼金术，但通过每天的交往，瞿汝夔将兴趣转移到了数学的研究上。《札记》中记叙：

> 他从研究算学开始，欧洲人的算学要比中国的更简单和更有条理……他运用所学到的知识写出一系列精细的注释……他日以继夜地从事工作，

用图表来装点他的手稿，那些图标可以与最佳的欧洲工艺相媲美。

瞿汝夔在利玛窦的指导下，通读了《几何原本》前六卷，并写下了不少学习体会。此外，他还尝试着将《几何原本》第一卷翻译成了中文，可惜这些译稿均已失传。随着瞿汝夔渐渐显示出学习的成果，利玛窦作为数学家的名声也开始宣扬开来。南京的著名学者李心斋、名医王肯堂纷纷派自己的门人前去向利玛窦求教。虽然或许称不上是正式的翻译，但是瞿汝夔的努力为日后《几何原本》的翻译工作奠定了基础，被认为是一次必不可少的预演。

除了瞿汝夔之外，李之藻也研读了克拉维奥所著《欧几里得原本》的大部分内容。另外，徐光启的一位与他同科中举的朋友也曾被委派与利玛窦合作翻译《几何原本》，但是二人的合作并不理想，因为用利玛窦的话说，"除非是有突出天分的学者，没有人能承担这项任务并坚持到底"。

最后，虽然明知困难重重，但存着"一物不知，儒者之耻"之心的徐光启决定担负起这项工作，帮助利玛窦进行翻译。他于每日下午三四时至利玛窦寓所，"请口授，自以笔受焉"。经二人之力，一年多后他们译出了《几何原本》的前 6 卷，且各为书作序一篇，并刻印成书。两年后，利玛窦进行重校。1611 年夏，徐光启又在利玛窦校订的基础上与庞迪我、熊三拔"重阅一过，有所增订"，这一再校本后被李之藻收入其所编的《天学初函》的"器编"之中。此书的翻译工作意义重大，通过欧几里得《几何原本》的译本，利、徐二人将西方几何学的推理方法介绍至中国，对于中国近代数学的发展有着很大的贡献。虽然《几何原本》早在元代便输入了中国，但其影响程度远不能跟徐光启与利玛窦合译的《几何原本》相比。此书出版之后，受到中国学者们的极高评价。阮元在《畴人传》中称："《天学初函》本诸书当以《几何原本》为最。"

利玛窦曾把两篇序文译成意大利文，附入原书，并寄了3 册给罗马总会。据称，至今梵蒂冈图书馆仍留存着两本《几何原本》的中译本。其后，由利玛窦口译，徐光启笔录，两人又合译了有关土地测量的《测量法义》一卷初稿，内容上推延《几何原本》之法理而传其义。在《几何原本》译成之后，利玛窦又自著《乾坤体义》二卷。

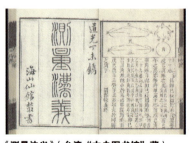

《测量法义》（台湾"中央图书馆"藏）

除了徐光启之外，利玛窦与李之藻也合译过不少西方数学著作。1608 年，李之藻与利玛窦翻译了克拉维奥神父的一本数学著作，定名为《圜容较义》。

木雕版《几何原本》，拉丁文原版《几何原本》（徐光启纪念馆藏）

借着此书，《几何原本》后 9 卷的部分内容传入中国，为西方立体几何的东传奠定了良好基础。1614 年，李之藻又与利玛窦合作翻译了克拉维奥的《实用算术概论》（*Epitome Arithmeticae Practicae*），定名为《同文算指》，是介绍西洋算术的第一本著作。其中，为了使中国人对于西方算术有更清晰的理解，还取了中国古代数学经典《九章算术》为之补缀。

以上介绍的数学著作和译作不过是明清时期传入中国的西方数学著作的几个代表。这些西洋数学知识的传入，不仅拓展了中国对西方数学的认识，更对中国本土学者发掘、整理自己本国的古代数学遗产、发展传统数学，起到了极大推动作用。

物理与机械工程学科的进步

明清时期由耶稣会士传入中国的西方物理学著作中，最具有代表性的是熊三拔和徐光启合作翻译的《泰西水法》。利玛窦入华后不久，就有意将欧洲的水利之法介绍到中国。徐光启在师从利玛窦研习西学时，曾向其请教欧洲水利学说，利玛窦则介绍其同伴熊三拔神父为之详述。最后由熊三拔口授，徐光启笔译，结合了中国的水利机械情况，经过实验之后，在北京完成了此书的翻译。所以，曹于汴在为《泰西水法》作序时称："肇议于利君西泰……而器成于熊君有纲，中华之有此法，自今始。"徐光启也在序中写道："此《泰西水法》，熊先生成利先生之志而传之也。"

徐利二人像

166

另外，据徐光启在序言中介绍，在利玛窦去世之后，徐光启从上海返回北京任职，再次请熊三拔同译《泰西水法》，但熊三拔当时面有难色，担心此法盛传天下后，当时的"重道轻器"的中国士大夫会将传教士看成"匠人"，而非学者。徐光启最终说服了熊三拔，不过熊三拔依然不放心，在《泰西水法》中"水法本论"的部分中强调："夫百工艺事，非道民之本业。"

《泰西水法》初刻于万历四十年（1612），除正文外，并有附图。之后，徐光启在编撰其著名的《农政全书》时，在介绍水利的部分，全录此书。李之藻亦将该书收入《天学初函》的"器编"之中。《四库全书总目》对《泰西水法》进行了总结，称"是书皆记取水蓄水之法"。同时，还对传入中国的各种西方科学进行了比较，明确指出："西洋之学，以测量步算为第

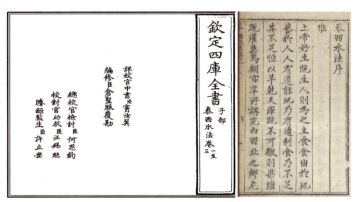

《泰西水法》

一，而奇器次之，奇器之中，水法尤切于民用，视他器之徒矜工巧，为耳目之玩者又殊，固讲水利者所必资也"，对水利学做了较高的评价。

此外，由德国籍耶稣会士邓玉函（Johann Schreck）口授，奉教士王徵笔录的《奇器图说》是我国第一部机械工程学著作。王徵是明末时期著名的科学家，万历二十二年（1594）成为举人，素来对创造发明、工巧之学颇感兴趣，在接触天主教之前，曾经信仰佛教，之后开始修道，号"了一道人"。万历四十二年（1614），王徵受到友人相赠，获得庞迪我所著《七克》，颇受感化，称"见其种种会心，且语语刺骨"，由此开始对天主教产生好感。两年后，上京赶考，然而会试不第。寓居北京之时，王徵专程前去拜访了庞迪我，庞迪我借机为其讲授教义，介绍天主十诫等教理。虽然具体时间史料中未曾记载，但从其所作的序文来看，王徵应在拜会庞迪我之后不久便受洗加入了天主教。其后，王徵又结交了法国传教士金尼阁，并邀请其至其家乡三原为家人付洗。其间，王徵拜读了金尼阁用西方语音学探讨整理汉语音韵规律的《西儒耳目资》，极为敬服，并为其作序。除了音韵之学之外，金尼阁还向王徵传授了机械工程学知识。天启六年（1626），在金尼阁的启蒙之下，王徵将自己发明的有关民生日用急需之器，汇编成册，题为《新制诸器图说》，其中总共介绍了9种器物，包括虹吸、鹤饮、轮激、自行磨、自行车、代耕、连弩等,其中如自行车等多为仿照西洋机械改造而成。当年冬天,王徵再次前往北京,正值龙华民、邓玉函、汤若望三位传教士因奉旨修历而寓居北京,因此他得以朝夕向传教士们请教学问。其间谈及西洋奇器,邓玉函等三人告诉王徵"诸器甚多,悉著图说",并且"第专属奇器之图说,不下千百余种"。王徵便请求与邓玉函一同将这些图说译成中文。邓玉函通晓医学、哲学、生物学及矿物学,并与著名物理学家伽利略相交甚笃,且同为罗马灵采(Lince)研究院院士。面对王徵的请求,邓玉函回答称"译是不难。第此道虽属力艺之小技,然必先考度数之学而后可",于是先取测量、算指、比例三书让王徵学习。在王徵知晓其梗概之后,二人开始合作翻译。由于图说之中巧器极多,王徵特意选择了其中对于民生日用最为急需、最为切要,并且作法又最为简便的内容编为一册,题为《远西奇器图说录最》。该书不仅介绍了当时西方工程学方面的先进研究成果,更有结合中国古法对西洋的制器之法进行改良的尝试,另外对于认识论和方法论方面的知识也有一定传播。不论对我国认识西方工程学,或是本土的机械工程学发展来说,该著作都有着非常重要的启蒙意义。

在当时社会的主流价值观中,依然认为工匠技艺为"君子不器"的"末流之学",因此像徐光启和王徵这般能够冲破传统的思维禁锢，认识到技艺与民生的紧密关联实属不易。王徵在《远西奇器图说录最》中称："诸般奇器，不但裕民间日用之常经，抑可裨国家政治之大务。其利益无穷，学者当自识取之耳。"正是本着这样的认识以及科学探索精神，徐光启和王徵这样有识之士在向传教士求道问学之时，积极地从西学当中汲取能与本土环境相结合、有利于日常民生的技术，将其编译成书向国人推广，为中国的物理学和机械工程学的发展做出了贡献。

西洋火炮

国势衰弱的明朝,面临内忧外患,亟须增强军事力量。如同战国时期的日本大名对于西洋火器的追求一样,威力强大的火枪与红夷大炮,同样受到了一批中国士大夫的重视与青睐。然而,明朝导入西洋火器之路却坎坷异常。

日本福冈箱崎宫南怀仁所造大炮

早在耶稣会士入华前的嘉靖年间，明朝军士就已经感受到了西洋火器的威力。嘉靖二年（1523）在一次与葡萄牙走私商人的交战之中，明军捕获了其拥有的火炮。由于当时的明朝人将葡萄牙与西班牙称为佛郎机国，遂将其火炮命名为"佛郎机铳"，或"佛郎机炮"。由于认识到"铳之猛烈，自古兵器未有出其右者"，所以明军立刻奉旨对其进行仿造，然而制造技术不精，士兵们的操作也不娴熟，导致无法有效地发挥威力。

在耶稣会士进入中国境内之后，火器与西洋兵法也是传教士向中国士大夫传播西学的一部分。利玛窦在作《译几何原本引》中便曾提及火器与军事同几何学的关系，称"故智勇之将，必先几何之学，不然者，虽智勇无所用之"，并论及列营布阵之法以及攻守器械的制造等，与利玛窦合作翻译《几何原本》的徐光启对利玛窦的这一见解深以为然。他认为火器研制者必须"明理识性、知数懂法"，红夷火器之所以威力强大，能够"及远命中者"，是"为其物料真，制作巧，药性猛，法度精也"，由于西洋"造台用铳，多有巧法，毫厘有差，关系甚大"，只有荐举"深心巧思，精通理数者，信任专管，斟酌指授"，才能制出精良的火炮。于是，万历四十七年（1619），在明军几次败于后金军之后，奉旨负责练兵的徐光启开始运用从传教士那里习得的西洋火炮知识，在朝廷中推行军事改革。徐光启一面在奏疏中向朝廷强调了西洋火器的威力，一面与好友——同被誉为中国天主教"三大柱石"的李之藻、杨廷筠商议前往澳门购置西洋大炮以佐教练事宜。

之所以选择去澳门置办火炮主要是因为澳门作为葡萄牙"飞地"的特殊身份，如本书第二章中介绍，从 16 世纪中叶，明朝政府便开始渐渐接受了葡萄牙人在澳门的居留，葡萄牙人也在澳门开始实行自治。为了保护自己的成果，并与西班牙、荷兰等殖民对手进行竞争，葡萄牙人还在澳门各处建有大小 9 座炮台，除此之外，还建有著名的卜加劳铸炮厂，专门用来铸造各种铜质火炮。据称，该工厂被远东的葡萄牙人誉为"世界上最好的铸炮工厂"；另一方面，在华耶稣会士们虽然没有像他们在日本传教的同伴们那样将火器直接作为传教的工具，以吸引大名同意开教，但依然与驻扎澳门的葡萄牙军队有着极为紧密的联系。在向葡澳当局购买西洋火炮一事中，耶稣会士作为中间人积极帮助双方进行协商，促成了交易的实现。泰昌元年（1620），李之藻、杨廷筠派遣门生张焘和孙学诗前往澳门顺利购买了 4 门大炮，并聘用了几位葡萄牙炮师，然而却因故未能进京，炮师返回澳门，大炮由张焘自筹经费运至江西，直到次年年末才运抵北京。1620 年，辽东战局恶化，五月，徐光启再次上疏，提出应该继续购买西洋大炮，并重申"建敌台以护铳，以铳护城，以城护民，万全无虞之策，莫过于此"。七月，明朝政府正式派遣张焘和孙学诗为钦差，持兵部檄文往澳门聘请炮师并购买火炮。葡澳当局非常重视此次与明朝政府的交易，全力配合，很快便准备了大炮26门，葡兵百人，葡人头目7人，翻译1名，随从数位，让张焘和孙学诗等人带回北京，充当翻译的是葡萄牙籍耶稣会士陆若汉（Jean Rodriguez）。语言天赋过人的陆若汉来到澳门之前曾在耶稣会于日本的传教活动中发挥了很大作用，受到了丰臣秀吉、小西行长等多位有权势的大名的欣赏与重用，在火器交易方面也有着丰富的经验。后在徐光启等人推行的军事改革中，也起到了积极的推动作用。

然而抵达北京后不久，葡萄牙炮师在京营教演火炮技法时，发生了炮膛爆炸，导致人员伤亡，随后引起了一批朝臣的反对，最终百名葡兵被全部遣返澳门。但是，西洋火炮与随行翻译被留了下来。兵部尚书董汉儒上疏，建议对留下的翻译等人员按照贡夷例，给予优待，对于火炮，则"择人教演，稍俟精熟，分发山海辅臣收用"，均被允许。传教士毕方济（Francois Sambiasi）、龙华民等人还被邀请翻译西洋兵书，这些西洋大炮在1626年发生的明与后金的宁远之战中发挥了重要作用，后金军不敌大炮火力，遭受重创。这次胜利让明朝政府进一步认识到了西洋火炮的威力，也激起了他们购买更多火炮，并进行仿制的热情。

崇祯元年（1628），崇祯皇帝派人前往澳门购买火炮。次年，为了加深与明朝廷的关系，澳门的卜加劳铸炮厂慷慨捐献大炮 10 门，步枪数支，并派葡萄牙将士公沙的西劳（Consales Texeira）为统领，耶稣会士陆若汉为通事，率领 31 名铳师、工匠等随从护送火炮北上。途经涿州时，正遇皇太极率军包围北京，公沙的西劳等人便留守涿州，参与抵御后金军的进犯，最后还留下 4 门大炮协助防守。其余大炮被送至北京后，崇祯皇帝对其性能非常满意，并赐炮名"神威大将军"。在火炮尚未送到京师之前，徐光启便连连上疏，提出"令西洋铳领、铳人遍历内外城，安置大铳"，并建议多造铳器，而且指出"西洋造铳法，关系甚大，恐为奸细所窥；若造于京师，尤宜慎密"。于是，崇祯帝命徐光启负责督造西洋火器之任，令澳门葡商留京制造、教演大炮。然而，西洋大炮造法精密讲究，既花时间，又耗公费，由于火炮制造进展缓慢，明朝政府最终还是决定继续向澳门购炮。崇祯三年，徐光启再次派遣陆若汉率人前往澳门置办火器，招募善用火炮的葡兵。

由于西洋火炮在战争中的威力有目共睹，朝臣们普遍对于购买火炮本身没有异议，然而对于招募葡兵一事，一些大臣却有不同意见。在陆若汉等人在澳门进行筹备工作时，礼科给事中卢兆龙上疏反对让葡人入京，称葡人占领澳门怀有野心，不可让其"跃马持刀，弯弓挟矢于帝都之内"，并且闽粤人已能造西洋大炮，不用再请西洋人，另外还提醒崇祯皇帝以白莲教为鉴，警惕天主教的发展。生性多疑的崇祯帝最终采用了卢兆龙的建议，原本已经北上的葡兵又被遣返澳门。

虽然徐光启招募葡兵入京教演火炮的计划最终未能实现，但是在军队中使用火炮、葡兵以增加军力的设想却在其门人孙元化身上得到了实践。崇祯三年，孙元化出任登莱巡抚，提倡尽用西术。他的身边还有不少接受西学的奉教士人，如精通炮术的监军王徵，以及之前曾负责前往澳门购炮的副总兵张焘。之后，原本在北京教演火器的公沙的西劳和陆若汉也纷纷携带火器来到此地，负责传授西式大炮的操纵和点放之法。在这些奉教士人和葡萄牙籍军事顾问的协助下，孙元化成功组建了一支使用西洋火器为主的精英部队，并被誉为"东陲之西学堡垒"。

然而随着吴桥兵变的发生，孙元化的一切努力全都化为了乌有。崇祯四年（1631）八月，后金军首领皇太极攻打辽宁，登莱巡抚孙元化急令部下孔有德领兵支援，孔有德原为明末抗金名将毛文龙的部下，在毛文龙被袁崇焕处死之后，毛文龙的旧将发生哗变，最后孙元化接收了包括孔有德、耿仲明在内的一众叛将。结果，吴桥由于军需不足，士兵生变，拥护孔有德叛乱，随后孔有德倒戈杀回山东半岛，由于旧部里应外合，一举攻破数城，崇祯五年（1632）一月登州失陷。孙元化被俘，军中包括公沙的西劳在内的 12 名葡兵被杀，另有 15 人受重伤。由于念有旧情，孙元化、王徵、张焘等人最终被放还京师。然而，朝野上下传言孙元化叛乱，徐光启虽然尽力为其辩护，终究未能改变孙元化与张焘同被处死，王徵被罚充军的悲惨结局。由此，痛失爱徒又饱受廷臣非议的徐光启一心想以火器改革明朝军事、增强军力的热情逐渐减弱，开始潜心投入历法编修的工作。

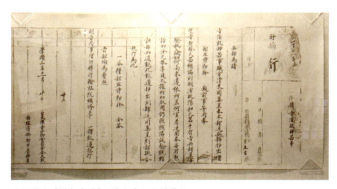

火器演练《兵部奏疏》（徐光启纪念馆藏）

另一方面，因为军力不足，孔有德、耿仲明最终于1633年率兵投降后金，由此让后金军掌握了西洋火器的制作与使用之法，使其军事力量得到了长足发展，与明朝向澳门葡萄牙人引进火炮技术的坎坷经历不同，后金军在与明朝的交战中见识到红夷大炮的威力之后，便清醒地认识到了学习这种先进武器的必要性，并对此不遗余力。之后经常重用掌握火炮技术的汉人俘虏，而对于投降的孔、耿二人，皇太极更是亲自出城迎接，以表示重视。1636年，皇太极称帝，改国号为大清。随后，又对八旗军进行了整编，明朝的叛军孔、耿、尚三部，由于精通火炮技术并主要装备红夷大炮，被设为独立的炮兵部队，隶属于汉军八旗。在之后的作战中，清军以精锐的汉军炮兵部队，配以善于骑射的满人骑兵部队，完美的搭配使其成为一支"几乎无坚不摧的劲旅"，短短数年间，清军几次遣官督造火炮，同时加强步、骑、炮三兵种熟练彼此协同作战的演习，不仅从火炮的数量上，从实战技术上也大大超越了明军。可以说清军在火炮技术上的后来居上，为其入关，获取最终胜利奠定了重要的基础。

《崇祯历书》

耶稣会士带来的诸多西方科学知识之中，天文学可谓是对明清时期的中国产生影响最深的。中国古代的天文学以历法与观测星象为中心，常常被称为"天学"，而它不仅仅是一种学问，更带有一种服务于王权政治的社会政治文化特征。因此，对于历朝帝王来说，为了替自己的政权提供合法的依据与象征，建立皇家天学机构编修历法，无疑都是政治上的头等大事之一。根据《明史》记载，明以前"黄帝迄秦，历凡六改。汉凡四改。魏迄隋，十五改。唐迄五代，十五改。宋十七改。金迄元，五改"；而明朝使用的《大统历》则是在

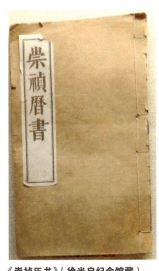

《崇祯历书》（徐光启纪念馆藏）

顺治朝地球仪（故宫博物院官网）

元代郭守敬编制的《授时历》基础上删定而成的，前后"承用二百七十余年，未尝改宪"。

然而随着时间推移，《大统历》的推验开始不断出现误差。一些明朝官员认识到现有历法存在问题之后，也曾屡屡提出修历的建议，但均被礼部以"古法未可轻变"等理由拒绝。自利玛窦等第一批耶稣会士入华之后，他们携带的天球仪、地球仪等天文仪器很快引起了众多明末文人士大夫的兴趣，而利玛窦等人也非常乐意展现他们在天文学上的学识，以博得人们的尊敬。正如《札记》中记载的：

> 当把这些不同的器械展览出来，把它们的目的解说清楚，指出太阳的位置、星球的轨道和地球的中心位置，这时它们的设计者和制作者就被看成是世界上的大天文学家。

之后，利玛窦还铸造了许多仪器送给与他结交的官员，并与他们探讨天文历算等问题。很快，利玛窦便有了"精于天文、历算之学，发微阐奥，运算制器，前此未尝有也"的名声。此后，利玛窦也曾几次致信罗马，希望教廷能够多派遣一些精通天文学的神父或修士前来中国服务，因为这样更容易赢得中国人的尊敬。

在进入北京之后，利玛窦开始与徐光启、李之藻等奉教士人合作翻译西学著作。其中，《乾坤体义》一书是利玛窦向中国介绍的第一部天文学著作，亦被认为是"西法入中国之始"。该书是当时欧洲著名数学家、天文学家，也是利玛窦在初学院的授业恩师克拉维奥所著《萨克罗博斯科天球论注释》（1561）的编译本。

除了利玛窦之外，阳玛诺、熊三拔、汤若望等其他耶稣会士们也同样拥有很高的天文学造诣。例如，阳玛诺曾著《天文略》一书，以问答体的形式，介绍罗勒密体系的十二重天说，并阐明月相和交食原理、节气、昼夜和太阳运动等天文现象。其中最突出的贡献被认为是介绍了伽利略望远镜以及伽利略通过望远镜做出的各种天文发现。另外，汤若望还编撰了《远镜说》，详细介绍了伽利略望远镜的制作原理、功能、结构、使用方法，被认为是中国出版的最早的一部介绍西方光学理论和望远镜技术的启蒙著作。

在深刻认识到传统历法存在的问题，以及西方天文、历算之学的先进之处后，徐光启、李之藻、周子愚等一批有识之士开始致力于将西洋历法引入中国历法体系，对传统历法进行改革。徐光启认为"欲求超胜，必须会通"，因此应将西洋历法与《大统历》"会通归一"，把西历翻译过来，融会贯通，以其之长补《大统历》之不足。

据史料记载，万历三十八年（1610）十二月，遇日蚀，钦天监推测不验，分秒与亏圆皆不准。朝野震动。于是五官正周子愚上疏奏称：

> 有西洋远臣庞迪我、熊三拔等，携有彼国历法，多中国典籍所未备者，乞视洪武中译西域历法例，取知历儒臣率同监官将诸书尽译以补典籍之缺。

万历四十年（1612），礼部奏"翰林院检讨徐光启，南京工部员外郎李之藻亦皆精心历理，可与迪峨（迪我）、三拔同译西洋法"。然而，自然并不是所有朝臣都支持这种以西洋历法来改革中国历法的方式，再加之"第名盛则谤兴，才高则妒起。朝臣啧有烦言，多不满于公（徐光启）"，面对廷臣的排挤与指责，徐光启最终选择托疾请假，屯田于天津。不久，南京教案爆发，在北京、南京两地的传教士被驱逐出境，修历一事更是不了了之。

天启年间，政治黑暗，阉党当道，徐光启不愿于此混乱时出仕，便退居田间。天启帝卒后由其弟崇祯皇帝朱由检嗣位，徐光启受到赏识，开始得到重用，并重提了编修历法一事。崇祯二年（1629）六月遇日食，徐光启依照西法、钦天监官员依照传统中国历法同时进行推算。结果，徐光启之法得验，而"钦天监推算日食前后刻数俱不对"，崇祯帝对钦天监极为不满，随后礼部奏请开局修历。九月，徐光启奉旨督领修历事务，历局设于北京宣武门内天主堂东侧。在选拔修历人员方面，徐光启尤其重视推举传教士参加修历工作。因其举荐，传教士龙华民、邓玉函率先参加了历法编修工作。次年，因邓玉函去世，徐光启又征汤若望、罗雅谷前来接替其工作。在徐光启的主持下，传教士与历局的馆生们不遗余力地译书制器，使修历工作取得了极大进展。崇祯六年（1633），徐光启向崇祯帝上《治历已有成模恳祈恩叙疏》，历数包括传教士在内的修历人员所做出的贡献，并勤恳皇帝对其论功行赏。

徐光启奉旨负责修历时已年近古稀，历法编修工作终究没能在他有生之年彻底完成。在去世之前，为了保证修历工作顺利运行，徐光启精心挑选了自己的门人李天经作为历局的接班人。李天经除了"博雅沉潜，兼通理数"之外，还与徐光启一样同为奉教士人，这样一来传教士在历局的工作也得到了进一步的保障。最终，李天经没有辜负恩师徐光启的期望，于崇祯八年（1635），向朝廷进献了剩余的全部历书，为修历工作画上了圆满句号。

修订之后的《大统历》被命名为《崇祯历书》，然而由于

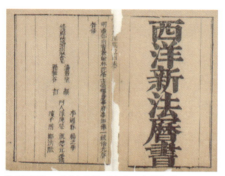

《西洋新法历书》（台湾"中央图书馆"藏）

郭守敬雕像

朝内对于新历的优劣之争一直没有停歇，所以并没有立即刊印颁行。崇祯十六年（1643）八月，崇祯帝终于下定了颁布新历的决心，但颁行的命令还没有实施，明朝就已灭亡。

然而，《崇祯历书》并未因战火而毁，在汤若望的据理力争之下，新的统治者很快认识到这部历法的价值。清朝初年，在汤若望的删改之后，《崇祯历书》最终以《西洋新法历书》为名得以刊印，并颁布施行。虽然难以摆脱时代的局限性，但《崇祯历书》的编修标志着中国传统天文学的一次转型，它通过介绍当时先进的西方天文学知识，颠覆了中国传统的天文观念，拓宽了中国人对宇宙的认识，也使得中国天文学的发展从此走上了一条以吸收和融合西方天文学为主的新道路。

明末耶稣会士的这种将"科"与"教"相结合的传教方

式，不仅让他们在朝廷获得了一席之地，他们带来的这场"西学东渐"更打开了中国人的眼界。虽然诚如龙华民所言，耶稣会士来华的主业并不是传播西方科学，而是"事天主讲学论道也"，只是在"学道余暇，偶及历数耳"。并且，传教士向中国介绍西学的主要原因是为了博得中国知识阶层的好感与肯定，为他们施行"上层路线"的传教方针、打开传教之路做铺垫。他们的这种将西学与天主教结合的传教方式，事实上也可谓是其实行的"文化适应"传教策略的另一种表现方式。然而从结果上看，虽然或许这些西方科学所蕴含的思想文化并未给当时的中国社会带来真正的变革，受众群体也仅限于一小部分开明的知识阶层，但西学的输入毫无疑问为当时陈旧的社会文化注入了一股新鲜血液，也让保守的明清王朝距离外面日新月异的世界更近了一步。不论是否是其本意，毋庸置疑的是，耶稣会士们都在推动中西文化交流上做出了令人瞩目的贡献。

第五章

本章将以被誉为"在华耶稣会最有力的保护者"的徐光启为主要对象，以其所拥有亲族、师生、知友、官界等社会关系为主线，介绍天主教对中国士人阶层的渗透模式，以及"上层路线"方针在传教过程中的具体展开形式及其效果，以展现明末清初之际的"奉教士人"对耶稣会传教事业做出的贡献。

奉教士人与耶稣会『上层路线』的展开

徐光启入教

　　"上层路线"传教方针是耶稣会在东亚的传教活动中最显著的特征之一。对于耶稣会而言，最为理想的结果自然是：首先使该国的君主入教，实现政教合一，进而推行全国布教，然而，现实的政治格局却让这个目标变得遥不可及。所以在日本传教时，当耶稣会士们从京都徒劳而返之后，开始将传教的主要对象转变为拥有强大地方势力的大名。在中国，以利玛窦为代表的第一批在华耶稣会士同样首先想到的是通过朝贡的方式，进入北京去面见皇帝。但是很快，利玛窦等人便意识到如果得不到中国官员的协助，那么他们的进京将是无望的，传教工作也难以顺利展开。

　　利玛窦在《札记》的第一章中述及自己对中国政治结构的认识时，谈到知识阶层以及科举考试在政治中的重要性："他们（中国）全国都是由知识阶层，即一般人叫作哲学家的人来治理的"，并且"只有取得博士学位（进士）或硕士学位（举人)的人才能参与国家的政府工作"。正是基于这样的认识，利玛窦领导的在华耶稣会士很快便把与文人士大夫的交往作为自己的工作重心之一。一方面以此来扩大自己在士人社会的名气与声誉，另一方面利用文人名士的人脉和社会网络来扩大传教的范围，这也可谓是"上层路线"方针在中国的具体表现方式。

在徐光启身上，在华耶稣会的这种"上层路线"传教方式可以说获得了最为理想的效果。入教之后，徐光启不仅积极跟随传教士研习天主教义及西学，合作翻译西洋著作，带领传教士投身历法与军事改革，同时还十分注重利用自己的社会关系和在官界的人际网络来传播信仰，努力为传教士的传教活动提供便利与帮助。不论是在西学传播，或是在传教护教上，徐光启都做出了令人瞩目的贡献，以至被传教士们誉为是"为中国天主教赢得了最高荣誉的人"。

虽然徐光启最终位居文渊阁大学士，但他的科举之路却并不顺畅，而徐光启归信天主教的契机与过程和他一波三折的科举之路也存在一定程度上的联系。徐家也曾祖业殷实，但到徐光启之父徐思诚一代家业已经衰败，加诸当时"大江以南，九谷不登"，徐光启离家应试时，"母括据以供俯仰"，可知其当时生活之窘迫。并且，从万历十年（1582）到万历十九年（1591），九年间三次乡试未第，这对于徐光启自然也是不小的打击。万历二十三年（1595），第三次应试失败后，徐光启受邀远赴广东韶州教学。正值当时利玛窦和郭居静在韶州传教，并于护城河西建立了教堂。教学期间，徐光启曾偶至西城天主堂，拜会了留院主持教务的郭居静神父，这是徐光启第一次接触天主教义，也是他与天主教结缘的初始。

几年后，一次偶然的机会，徐光启在友人处见到利玛窦绘制的一幅世界地图。地图中展现的全新地理观念让徐光启大开眼界，也让他产生了与这位"海内博物通达君子"相结识的想法。万历二十八年（1600），徐光启终于在南京见到了利玛窦。利玛窦向他再次阐释了教义，并展示了他的第二版世界地图。经过与传教士的两次交往，徐光启对天主教有了基本认识，并产生了想要进一步了解的兴趣。因此，万历三十一年（1603），徐光启途经南京时再次准备前去拜访利玛窦，但当时利玛窦恰好进京，不在堂内，因此由罗如望神父负责接待。罗如望"因以利子所译实义，及教要诸书送阅"，徐光启彻夜阅读并有所感悟，当即立志入教。罗如望考其信德后，为之施洗。至此，已过不惑之年的徐光启终于正式入教，教名"保禄"。

关于徐光启的入教动机，一直以来众说纷纭。传教士们宣称徐光启受到了圣灵感召，在梦中获得启示。按照耶稣会士柏应理在《徐光启行略》中的描述，万历二十八年徐光启在会见利玛窦之后，"归来得一梦，梦见一个圆堂中设有三台，一有

像，二无像，即醒"。万历三十一年，在听罗如望解释"天主
三位一体，兹第二位降生为人之像"时，徐光启忽忆前梦，告
诉罗氏之后才知是受天主默启，进而入教；另一方面，以黄节
为代表的传统马克思主义学者则认为徐光启只是"阳尊其教"，
但实际向往的是耶稣会士带来的"象数之学"。显然，这种拒
绝承认徐光启真心信奉天主教的观点一定程度上受到了当时政
治思想与意识形态的影响；近年来，也有学者将徐光启与传教
士会面的时间与赶考经历相联系，认为存在徐光启因祈望天主
福佑而归信天主教的因素。

　　徐光启受洗入教时已有42岁，作为一名从小接受传统教化
的儒生，思想已较为成熟。并且，徐光启从初次接触天主教到
正式受洗入教先后历时近10年，有充分的时间认真思考信仰问
题。所以，徐光启归信天主教的动机应该是综合性的，既包括
他对天主教教义、教理本身的认同，也包括他对令他大开眼界
的西方科学的向往。除此之外，很可能还存在一些非理性因素
的影响。值得注意的是，在徐光启于韶州拜会郭居静即接触天
主教后的第二年，即万历二十五年（1597），他在应天府乡试
中被主考官焦竑"拔置第一"。而在徐光启正式入教后的第二
年，即万历三十二年（1604），屡试不中的他"入京会试，即
登甲榜，入翰林"。并且同年，男长孙尔觉诞生，为只有独子
的徐光启解决了子嗣上的担忧。虽然客观而言，这些或许只是

一种巧合，但生活上的转机极可能被徐光启看作是天主的恩典和庇佑，从而在感情上推动他入教，并在其入教后也进一步坚定了他的信仰。

不论入教的动机为何，从万历三十一年受洗到崇祯六年（1633）去世的近三十年时间，徐光启都一直坚守着自己的信仰。在宗教生活上，他严谨的态度被传教士奉为教内典范。在传教、护教上，他通过著书译作传播西学，推行历法编修、倡导引入西洋火器进行军事改革为传教士在朝廷谋得一席之地。而且不仅如此，他还积极地通过亲族、地域、师友、同僚等各种社会关系传播天主教信仰与西学，有力地推动了在华耶稣会士传教事业的发展。

上海开教与家族传教网络的形成

对于天主教徒而言，除了需自身虔诚奉教之外，传讲基督的福音也是每位信徒的"大使命"。如同古往今来的许多信徒一样，徐光启在接受了天主教信仰之后，很快便想到了自己的家人以及自己的家乡上海。

万历三十四年（1606），在翰林院供职的徐光启迎接父亲徐思诚、妻吴氏以及部分眷属来京。徐思诚到京之后，被徐光启每日虔诚祈祷的样子所感动，进而对天主教产生了兴趣。于是，徐光启借机向父亲传道。很快，徐思诚便接受了信仰，并于同年与徐光启的妻子吴氏一起在北京受洗。然而，因年老体衰，受洗后不满一年，徐思诚便在京病逝。由于徐父生前已经入教，为了体现逝者的天主教徒身份，徐光启决定结合天主教礼节为父亲举办丧礼，并由利玛窦在京师为亡者做了"追思弥撒"。

父亲过世，徐光启需回乡守制。途经南京时，他邀请了郭

徐光启墓

居静神父前往上海为父亲举办葬礼，同时将天主教介绍至上海，在上海开教。他的此举，开启了上海长达四百多年的天主教史，也为上海日后发展成为远东重要的天主教据点奠定了基础。

一年后，郭居静抵达上海。起先，徐光启将郭居静安置于自己位于南市被称为"九间楼"的家中。由于前来拜访神父的客人络绎不绝，为便于郭居静更自由地接待来访人士，徐光启让他移居到南门外的桑园别墅之中。郭居静的到来为上海初期的教务发展打下了良好的基础。据高龙鞶《江南传教史》记载，仅仅两个月间，郭居静便已为五十余人施洗，其中有不少是由徐光启介绍或者劝化的慕道友，当中也包括徐光启自己的家人。郭居静在上海传教的两年中，即万历三十六至万历三十八年（1608—1610）年间，包括徐光启之子徐骥和他的妻子，以及当时已经降生的所有孙辈在内的徐氏一族全都受洗入教。

在徐光启的带领下，徐氏家族成为江南乃至全国最著名的几个天主教家族之一。虽然徐光启只有徐骥一个独子，但这并没有影响徐氏一家的人丁兴旺，徐骥的妻子顾氏为他养育了 5 个儿子和 4 个女儿，而据《徐氏宗谱》记载，徐光启的曾孙多达 28 人，这样的子孙繁荣被视为天主庇佑，进一步加深了徐家对天主教的信仰，同时也为徐氏家族成为上海天主教传播的中心打下了基础。

徐光启虽然最终身居高位，但如前所述，他的入仕之路并不平坦。为此，徐光启甚至还曾自嘲称自己"爬了一辈子科举的烂路"，或许受到他对入仕态度的影响，徐氏子孙们大多淡泊名利，不重科举，也无心出仕。徐骥为松江府生员，受徐光启的影响，曾研习历法、农政及兵法，但一生不曾入仕，只是按制荫授中书舍人。同样，徐光启的五位男孙之中，长孙徐尔觉、次孙徐尔爵、三孙徐尔斗和四孙徐尔默均止步生员身份，虽因祖父徐光启荫授中书舍人，但皆不仕，只有五孙徐尔路，于顺治十三年（1656）得中进士，后被任命某县知县，可惜不久便过世，年仅 31 岁。

虽然徐氏子孙在官途上并无特别显达者，但这并没有影响徐光启家族在上海士人社会中的地位。除了依靠徐光启留下的影响力之外，也与徐氏家族的姻亲家族均为上海名门望族有关。徐光启的长孙徐尔觉娶妻俞氏，其祖父俞汝为是隆庆五年（1571）进士，曾任兵部郎中、山东佥事，其父俞廷锷为举人，曾与名士陈继儒一起参加崇祯《松江府志》的编撰；次孙徐尔爵曾娶礼部主事乔炜之女乔氏为妻，后另续弦；三孙徐尔斗之妻王氏为徐光启爱徒孙元化的养女。如前所述，孙元化为万历四十年（1612）举人，后因其出色的军事才能被任命为登莱巡抚，是徐光启所倡导的军事改革的重要推动者；四孙徐尔默娶的则是徐光启的授业恩师——山东副宪黄体仁的孙女。

而徐光启的五孙徐尔路与四孙女（教名玛尔第纳）则双双联姻上海明末时期的第一望族——潘氏家族。潘家的兴盛"始自恭定公笠江先生（潘）恩及其弟忠，并登科甲。恭定官至御

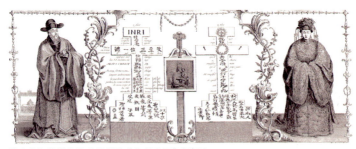

徐光启与甘弟大像（杜赫德《中华帝国》插页）

史大夫，历刑、工二部尚书"。潘恩共育有三子，长子允哲、次子允端皆为进士，故有潘家父子"一门三进士"的美称。徐尔路娶了潘允端之子工部员外郎潘云龙的女儿为妻，而玛尔第纳则嫁给了潘允端之孙潘晓纳。另外，徐光启长孙女（教名福礼济大）的夫婿是南京通政使艾可久之孙艾庭槐；次孙女（教名甘弟大）嫁给同样曾任南京通政使的许乐善之孙许远度；三孙女则嫁入上海瞿家，丈夫瞿叶为监生，其祖父瞿寅曾出任海澄知县，同样位于上海乡绅之列。

徐家子孙都是天主教徒，因此原本根据天主教义理应与同为信徒的人联姻，但是由于当时天主教进入中国时间尚短，信徒极为有限，所以教皇破例同意中国的信徒与非信徒结合。然而事实上，这种"教际婚姻"却成了促进信仰传播的一种有效途径，徐家就是一个绝佳的证明。徐氏子孙的联姻对象在婚前均不是天主教徒，但婚后基本都被感化入教，其影响甚至延续至他们的家庭。例如：徐尔觉的妻子俞氏婚后在徐氏家人的影响下成为模范天主教徒，被传教士赞为"信望爱天主，积德累行，不可胜记"；徐光启的长孙女福礼济大成功地劝说艾氏一家全体改宗天主教，甚至包括原本深信佛教的婆母在内。据传教士史式徽（J.de. Servière）记载，直至清末，艾家都是上海最为虔诚的天主教家庭之一；次孙女甘弟大则被誉为"中国天主教史上最杰出的女性教徒"，倾其一生资助传教士，筹建教堂，为教务发展而努力。在她的影响下，她的丈夫许远度和八个子女全部受洗入教。其中，长子许缵曾为顺治六年（1649）进士，官至云南按察使。许缵曾之妻李氏原本也深信佛教，最终也在丈夫和婆母的影响下改宗天主教，并且还积极向自己的娘家传教，使其两位兄长和数名亲戚入教；另外，虽然没有明确史料证明四孙女玛尔第纳的夫家潘氏家族归信天主教，但据传教士记载玛尔第纳曾出资协助传教士潘国光（Francis Brancati）购置潘府旧宅"世春堂"，并将其改建为教堂"敬一堂"，由此可推测潘家至少是对天主教抱有好感的。

通过亲族和婚姻关系，形成了一张以家族为中心的信仰传递网络。正如《敬一堂志》中所称，"自家而亲、而邻、而乡党，受教者日进"。在徐光启的教诲下，徐氏后人与上海的天主教会保持着极为密切的联系。与其投身官场，徐氏子孙似乎更乐意将精力用在协助当时负责上海教务的传教士潘国光推动上海的天主教发展上。据当时曾主持上海教务的传教士柏应理记载，"中书公（徐骥），日侍（潘国光）左右，诲化者，岁以几千计"。而徐光启的孙辈则通过为传教士的汉文著作撰写序文，或为教堂刻写牌匾等方式，扩大教会在当时士人社会的影响。此外，徐氏子孙还借助徐光启留下的人脉，将传教士引荐给松江、南京各地的官员，并出资协助传教士在上海各地建造多所教堂。另外，上海地区最早成立的天主教信徒团体 ——"圣母会"之中的女性集会最初也是以徐氏家族的女性成员为核心组织而成的。

正是因为有了徐氏家族的支持，明末清初时期上海的天主教务发展迅速。据《16—20世纪入华天主教传教士列传》中记载，仅天启二年（1622），上海至少有两百人在传教士毕方济手下受洗入教。崇祯十二年（1639），潘国光和贾宜睦（Jerome Gravina）神父为上海的1124名教徒施洗，次年，受洗人数升至1240名。至康熙四年（1665），松江府的天主教信徒人数已多达5万。而到18世纪初期，江苏的10万余教友中则有8万余人集中在上海及其附近。

徐光启师门传承

徐光启不仅成功使自己的家人悉数入教，还培养了一批像他一样信奉天主教的弟子门人。他们在军事、天文等各个领域传承了徐光启倡导西学的志向，在传教、护教方面也同样尽心尽力，可谓是当时传播西学、推动天主教发展的一股重要力量。以下对徐光启的奉教门人中最有代表性的几位进行介绍。

在徐光启的众多门人之中，与其关系最为亲密的当属孙元化。孙元化于万历九年（1581）出生于松江府嘉定县，于万历四十年（1612）成为举人。在徐光启成为进士之前，曾在上海开过私塾，而孙元化年轻时曾在此私塾就学，因此他是跟随徐光启最早，也是与之关系最为亲密的门人之一。在徐光启得中进士、进入翰林院任职之后，孙元化跟随他留在了北京。

徐光启与传教士交往频繁，跟随其左右的孙元化也获得了许多向传教士学习西学的机会。在徐光启的影响下，孙元化在西学研究上取得了很大进展，尤其在数学和西洋火器上拥有较

《勾股义》（徐光启纪念馆藏）

高的造诣。在数学方面，他协助老师徐光启完成了《勾股义》的翻译工作，并自己翻译了一卷《几何用法》，同时还撰写了关于西洋算术的《泰西算要》、《几何体论》、《西学杂著》；在西洋火器方面，孙元化则撰写了《经武全编》、《西法神机》等一系列兵书。诚如《江东志·孙元化传》中所称："上海徐文定公善西学，公（孙元化）师事之，尽得其术，而制兵器尤精。"之后，在徐光启、孙承宗等人的提携下，孙元化被任命为登莱巡抚。他大量导入西洋火器，聘用葡人军师顾问，成为徐光启等奉教士人所倡导的军事改革的重要推行者之一。

孙元化不仅继承了徐光启对于西学的热情，也传承了他的天主教信仰。徐光启在受洗入教之后，首先便想到了他的弟子孙元化。据传教士伏若望（João Froes）在《徐保禄进士行实》中记载，徐光启于万历三十一年在南京受洗后，"回家乡时，路过其门生孙元化的家，向孙元化介绍其从南京带来的信仰财富"，之后不久，孙元化便在徐光启的影响下接受了天主教义，受洗入教，教名为"伊纳爵"，与徐光启相同，孙元化入教之后也对耶稣会的传教事业给予了极大的支持与帮助。

孙元化接受信仰后，便一直致力于将天主教传至家乡嘉定。万历四十四年（1616）爆发的著名的反天主教运动"南京教案"反倒成了孙元化实现愿望的一个契机。在教案发起者——南京礼部侍郎沈㴶的再三控诉下，朝廷下达禁令，勒令禁止西洋传教士在华传教，并将其驱逐出境，而曾在南京及北京传教的耶稣会士的行迹更为官府步步盯紧。为了避免被逐，原本在北京传教的毕方济等人只得隐形遁迹，寻求愿意在此危难之际接纳他们的庇护之所。据《大中国志》记载，禁令颁布之后，毕方济与其他几位传教士原本计划一起前往徐光启上海的家中避难，但徐光启的门人孙元化在得到官府判处传教士的消息后，立刻派其子向传教士递送亲笔书信，邀请他们前往他嘉定的家中避难。接到邀请后，传教士们对此安排非常满意，随即分成两队，一部分前往徐光启家中，而包括毕方济在内的另一批传教士则转而前往孙元化家中避难，而此次到来的毕方济一行则是到达嘉定的第一批天主教传教士。

之后，孙元化又于天启元年（1621）邀请传教士郭居静前往嘉定开教，并在为毕方济等人建造礼拜堂的原址"修建了一座漂亮的教堂，虽不很大，却是一座完美的建筑……这所房屋也作为我们新来的人的学校，因为城市很僻静，只有很少的商业，房屋宽敞方便，学习中国语言文学的人常去那里，所以神父和学生的数目约有十一二人，从当时的情况看，这是个大数字"。

在孙元化及传教士的努力下，天主教在嘉定的发展日益兴盛，该教堂还曾一度成为传教士们常驻的住院之一。天启七年（1627），一场围绕关于"上帝"（Deus）的中译名的会议在嘉定举行，史称"嘉定会议"，该会议被认为是中国天主教史上第一次代表会议，孙元化与被称为"三大柱石"的徐光启、李之藻、杨廷筠一同列席参加。孙元化同他的故乡——嘉定在当时中国天主教会中的地位由此可窥得一斑。

孙元化不仅是徐光启最为倚重的门人，也是徐光启的姻亲之一。如前所述，徐光启的三孙徐尔斗娶了孙元化的养女为妻，可见师徒之间有着深厚的感情。在孙元化因为"吴桥兵变"被冤叛变时，徐光启曾竭力为他辩护，据传教士柏应理记载，徐光启为保孙元化甚至曾向朝廷宣称："臣灼知其心，若（孙元化）果有反意，臣愿以全家百口共戮。"然而，徐光启的努力最终也没能挽回孙元化悲剧的命运。在孙元化被朝廷处死后，嘉定的教众失去了他们最有力的支持者，教会的影响逐渐衰落，最后耶稣会的住院不得不从嘉定撤出。

在徐光启的奉教门人之中，除了孙元化之外，山西绛州的韩氏兄弟（韩云、韩霖）也是颇具代表性的两位。韩云、韩霖二人皆为举人，韩云还曾出任陕西葭州知州。韩氏兄弟的父亲韩杰因为年幼时家境贫困放弃了科举，转而经商。万历三十五年（1607）前后，年少的韩氏兄弟跟随父亲离开故乡，转居松江，并就读于松江的私塾。而当时徐光启已经高中进士并进入翰林院出任检讨。或许从那时起，韩氏兄弟便已经受到了位列松江名士之席的徐光启的影响。康熙《绛州志》里称韩云曾"与徐玄扈（徐光启）相国、董思白（董其昌）宗伯诸先生称文字交"。而据《山西通志》记载，韩霖也从 15 岁起便与兄长韩云一起与松江的名士交游。

万历四十一年（1613），徐光启因受到其他朝臣排挤而托病归乡。韩氏兄弟与徐光启的交往很可能便是从这个时候开始。三年后，徐光启回到北京。此后，韩云、韩霖便在北京跟随徐光启学习西学。韩霖对西洋兵法尤其精通，著有《守圉全书》、《神器谱》、《炮台图说》等兵书，其中《守圉全书》详细讲解了铸火铣、配火药等技术和军事技艺，其兄韩云曾为之作序，同时还收录了徐光启、李之藻、孙元化等人的奏疏及著述。韩云在兵法与农学上亦有所成，著有《武德内外编》、《劳人草农书》，此外还曾"与西士讲音韵之学"，参与了金尼阁《西儒耳目资》的编辑工作。

韩氏兄弟与孙元化相同，不仅在其师徐光启的影响下对西学颇有研究，同时还是虔诚的天主教徒。《天主教传行中国考》

中称韩霖"初在北京与徐光启善，因得闻道受洗"，回到家乡绛州之后，韩氏兄弟便一直期盼能招传教士入绛，宣讲天主教义。天启四年（1624），正值南京教难逐渐平息，之前因为教难被逐至澳门的传教士王丰肃准备重返内地，向当时已经成为教会支柱的徐光启咨询意见。徐光启向王丰肃指出，如果继续在南京或其周边地区传教，被政府发现的可能性很高，应当避免，又告诉他韩氏兄弟希望在家乡开教的心愿，最后王丰肃改汉名为高一志，应韩氏兄弟之邀，前往绛州传教。高一志到达绛州后，韩云、韩霖的另一位兄弟韩霞也在兄长们的影响下受洗入教。

在绛州，韩氏兄弟一方面通过为高一志所著的《修身西学》、《幼童教育》等天主教书籍润色、校正来进行宣传，以此提升传教士及天主教在当地的声望，另一方面则积极利用其在官界的人际网络，邀请地方上的高官为其所撰带有强烈天主教色彩的乡约《铎书》作序，"以透过官僚体系和儒家传统渗入地方教化"的特殊方式推动天主教在当地的发展。

在高一志及韩氏兄弟等信徒的共同努力下，山西的教务发展日益兴盛。天启七年，韩云、韩霖兄弟在绛州城东南建造了天主教堂。之后，徐光启为该教堂撰写了《景教堂碑记》。文中称赞韩氏兄弟"信向尤为笃执"，并称由信徒出资在地方建设教堂"则晋绛为始"。

高一志在山西的传教活动持续了 15 年之久。据传教士巴托利（Daniello Bartoli）记载，当高一志于崇祯十三年（1640）去世时，绛州的天主教徒已多达 8000 人，而其中取得生员以上功名的文人亦有二百多名，持有官职的也不在少数。

万历四十一年，徐光启出任了癸丑会试的同考官，负责"春秋房"分考事，这使得他除了上述孙元化和韩氏兄弟等弟子外，还有一群因为科举而结缘的门人，前章所提的李天经便是其中之一。李天经不仅同为天主教徒，还是徐光启亲选的历局接班人。在编修历法的过程中，李天经认真地完成了其座师徐光启的遗志，保证了历法的顺利完成，并向皇帝上疏为传教士们请功，称赞他们"劳苦功高"，保障了传教士们在历局的待遇与地位。因此阮元在《畴人传》中对李天经评价道：

> 李天经之学亚于光启，其在西局，谨守成法，毕前人未毕之绪，十年如一日。光启荐以自代，可谓知人。

此外，徐光启的周围还有一些虽然最终没有接受信仰，但与传教士保持一定交往，对天主教抱有好感的门人。与李天经同年同科成为进士的鹿善继与吕维祺就是其中最好的代表。

与徐光启的很多门人一样，鹿善继亦对火器颇有研习，并常强调西洋火器在军事中的使用。例如，鹿善继与孙承宗等人合著的《车营扣答合编》中详细介绍了车营，即拥有火器的战车、步、骑和辎重合编而成的新型营阵的布阵、作战方法等。另外，鹿善继在其所撰《车营说》和《前锋后劲说》中也经常建议学习并利用火器。徐光启曾专程写信力劝鹿善继向传教士们学习，称赞传教士"皆弃家学道，劝人为善者，兼之博涉通综，深明度数"，虽然鹿善继最终并未皈依天主教，但被认为曾为与天主教有关的书籍作序，或曾以诗文寄赠传教士。并且，鹿善继的门人薛凤祚精于天文算学，曾师从波兰籍耶稣会士穆尼阁（Smogolenski Jean Nicolas）学习西学，并编译穆尼阁所著《天步真原》、《天学会通》等天文学书籍。另外，在水利方面则编有《两河清汇》，并且在其编撰的《历学会通》中还专列一卷《西洋火器法》。薛凤祚在西学上的成就或许也可以从侧面反映出其师鹿善继对讲求"经世致用"的西学持有一定好感。《四库全书总目提要》中亦称："而其（薛凤祚）学乃出鹿善继、孙奇逢，讲求实用，故其算术受于西洋穆尼阁，以天文名家。"

他的同科好友吕维祺也没有辜负老师的嘱托。南京的教务在教难中遭受重创后，重振南京的传教事业一直都是徐光启与耶稣会士的心愿。崇祯六年，徐光启将毕方济推荐至南京钦天监，参加日月食及经纬度的测量，希望能借此机会重振南京教务。同年，徐光启因病去世。临终之前，徐光启曾给自己的门人，当时出任南京兵部尚书的吕维祺写信，希望他对传教士在南京的活动给予帮助和支持。传教士伏若望记载：

> 在该神父到达南京时，尽管这位官员已经得知徐保禄去世并享永福了，他还是按照徐保禄信中嘱托的那样照顾神父，而且其对神父所做的，比徐保禄信中嘱托的还多，因为他不仅待神父如家人，经常去看望神父。

在吕维祺的影响下，南京的其他官员也纷纷效仿，支持传教士的活动。据曾昭德记载，南京有些官员为了取悦这名高官，"也给神父许多帮助，不仅利用他们的权利经常做访问，还给神父金钱购置房产，现今（1637—1641 年前后）那座教堂得到充分供应，基督徒们得到援助，从此信徒大增"。在这些官员的帮助以及毕方济的努力下，南京的教务发展开始逐渐恢复。

交友网络与信仰的传播

　　除了家人与弟子，志同道合的好友也是传播与分享信仰的理想对象。如果说徐光启对家人的感化以言传身教为基础，对弟子门人的感化以西学为基础，那么徐光启在信仰上对其友人的影响方式则更显得多种多样。

　　徐光启的友人之中不乏与他持有同一信仰的教友，但其中最著名的毫无疑问便是与他同被誉为"三大柱石"的李之藻和杨廷筠。徐光启与李之藻、杨廷筠之间有许多相似之处：首先，三人的年纪相去不远，徐光启比李之藻年长三岁，比杨廷筠年轻五岁。他们去世的时间也相差不多，可以说是三人生活在同样的时代背景之下；其次，徐光启的家乡上海与李之藻、杨廷筠的家乡杭州都属于经济文化发达的江南地域；再次，三人均在三四十岁时考中进士，拥有十年以上的为官经历，并最终获得了较高官位；最后，他们三人均积极投身于天主教与西学的传播事业，著书立说、传教护教，为在华天主教会的发展做出了巨大贡献。相似的社会背景与境遇使他们的人生之间拥有许多交叉点。

徐光启首先结识的是李之藻，契机则是二人与利玛窦的交往以及对西学的追求。徐光启在翰林院学习的三年中，曾与李之藻一起跟随利玛窦学习数理与天文。在研习西学的过程中，二人常常相互协助。李之藻称自己在写作《浑盖通宪图说》的过程中，"每资公（徐光启）参订"，而李之藻编修的《天学初函》中也收录了徐光启所译的《几何原本》、《泰西水法》、《简平仪说》、《测量法义》等著作。

在学习西学的同时，李之藻也很快接受了天主教信仰，但因为当时置有姬妾，违背了天主教规定的一夫一妻制无法受洗，所以李之藻选择首先劝化自己的家人，并成功使包括自己父亲在内的数名家人受洗入教。万历三十九年（1611）李之藻父亲去世，李之藻按制丁忧回籍，并仿照万历三十四年徐光启的方式，请传教士入杭为父亲举办葬礼，而这却为同乡好友杨廷筠创造了入教契机。

如前所述，万历三十四年，徐光启的父亲在北京去世。为了凸显父亲的天主教徒身份，徐光启在北京举办了一场融合了天主教与儒家礼仪的盛大丧礼。由于当时各种客观条件的限制，不可能完全按照欧洲的天主教传统礼仪举办仪式，所以徐光启为父亲举办的丧葬仪式依然是以儒家的传统礼仪为基础，同时又加入了一些天主教元素。例如，与中国以白色为底色的丧葬仪式不同，在欧洲，举办丧葬仪式时的主色调为黑色。所以徐光启披麻戴孝的同时，选择用黑色的绸缎装点墓穴。之后徐光启还在耶稣会的会堂，为父亲准备了放满蜡烛的追悼台，举行追思弥撒。之后，徐光启又邀请传教士郭居静前往上海，一方面为父亲举行天主教式的葬礼，一方面在上海开教。

徐光启为父亲举行的丧葬仪式不仅获得天主教徒的赞赏，也获得了其他士大夫的认同。明末时期的社会文化中，佛道二教的合流以及民间化、世俗化趋势越来越明显，这一点在民间的丧葬礼仪中的体现最为明显。谢肇淛在《五杂俎》中就曾批评当时的民众在举办丧葬事宜时"礼不循而徒作佛事"，这里的"礼"指的是儒家礼仪，对于很多士大夫而言，相比于佛道的法事，朱熹编纂的《文公家礼》中对于丧礼的规定才是儒士们应该遵守的礼仪。所以，当时一些士大夫认为至少应该在士大夫层的丧葬礼仪中去除佛道色彩，恢复儒家的传统，而在丧葬礼仪中排除佛道元素这一点上，则与天主教义是一致的，这也成了一些士大夫认同天主教式丧葬礼的基础之一。

万历三十九年，李之藻父亲去世后，李之藻效仿了徐光启的方法，为父亲在杭州举办了天主教与儒家礼仪结合的葬礼。根据萧若瑟《天主教传行中国考》中的记载，"（李）之藻于葬礼诸事，力校颓俗，屏绝异端，悉依圣教典礼，与上年徐光启在上海所行相同",身为同乡好友的杨廷筠前来吊唁时,见到这种排除释氏色彩的仪式后深感诧异,并以此为契机开始向传教士们请教天主教义。同年五月,杨廷筠正式受洗成为天主教徒。

虽然杨廷筠在接受天主教信仰之前原本笃信佛教,然而作为从小接受儒家文化的孔门子弟,杨廷筠一直坚持遵循传统的儒家礼仪。万历三十六年(1608)邱濬所著《家礼仪节》再刊时,杨廷筠也参与了编撰工作。在参加李之藻父亲的葬礼之前,杨廷筠曾与利玛窦等传教士有过交往,也在一定程度上接触过天主教义,但"盖闻其说,而未之悟也"。然而,李之藻效仿徐光启举办的这场融合了天主教与儒家礼仪的葬礼引起了杨廷筠对天主教的好奇,并让他认识到天主教与佛、道以及其他宗教之间的区别,也看到了天主教与儒教相互融合的基础,这也是杨廷筠最终决定改宗的原因之一。

从现存的史料来看,在杨廷筠归信天主教之前,徐光启与他之间似乎并无太多交往。因此可以说是徐光启与李之藻的交往间接影响到了杨廷筠的改宗,而其结果则是当时在华天主教会又多了一根坚实的柱石。

与对杨廷筠的间接影响不同,徐光启的好友兼亲家许乐善的入教与徐光启则有着直接的关系。万历三十四年,徐光启父亲去世后,徐光启返回故乡上海为父守制。徐光启在上海守制的三年间,曾屡次前往南京,并且为了让传教士能够受到当地官员的保护，每次都选择住在教会的住院。万历三十八年（1610），徐光启服孝期满，在返回北京任职的途中，曾前往南京参加圣诞节弥撒。据利玛窦记载：

> 他（徐光启）在教堂里住了一段时间，所以神父得以结识前来拜访他的那些大臣。他还把这些大臣中职位最高的一位介绍入了教。

这位经徐光启介绍而入教的就是当时出任南京通政使的许乐善。许乐善受洗后，获教名"若望"，身居高位的他被认为是当时"改信基督教的异教显贵中地位最高的人"。许乐善入教，对于重视与士大夫交往、坚持"上层路线"的在华耶稣会士们而言，无疑是最为理想的结果之一，对于当时的传教活动也是有力的宣传。因此，利玛窦在其《札记》中不惜笔墨，详细介绍了许若望的入教过程，并赞扬他为信仰摒弃了自幼年以来形成的各种迷信习惯。

许乐善入教前，曾以书信的形式向王丰肃询问诸多有关天主教信仰的问题。之后，徐光启收集并整理了王丰肃的回函，加以润色后编集成《推验正道论》及《咨诹偶编》，作为天主教教义问答书之一，并在教内推广，许乐善入教还促成了许、徐两家的联姻。据说徐光启由于希望自己家族能与天主教徒家庭联姻，因此在二孙女甘弟大只有 5 岁的时候便为她定了亲，将她许配给了许乐善的孙子许远度。

然而，许乐善的入教动机事实上与其当时身心俱疲的情感状态有一定的关系。当时，许乐善在生活中连遭不幸，尤其是子嗣的夭折对他造成了重大打击。面对残酷的现实，许乐善选择寻求超自然力量的庇护，希望能借此摆脱厄运。而徐光启在入教之前也曾经历坎坷，多年的科举不顺，使家道中落的徐家雪上加霜。然而如前所述，徐光启于韶州接触到天主教后，便在第二年的乡试中高中解元。并且，在他正式受洗的第二年，如愿成为进士，还获得了进入翰林院供职的机会。不仅如此，因为只有独子而担心后嗣问题的徐光启在同一年还迎来了长孙的诞生。可以说在接触到天主教之后，徐光启的生活迎来了巨大的转机。因此他在向许乐善传教时，很可能将自己的经历作为受到天主加护的实例进行引导，加深了许乐善对天主教的好感与憧憬。毕竟，这是传教时最为常见的方式之一。

不过与徐光启不同，许乐善入教后，其生活境遇并没有如他期待般地发生好转，家人依然接二连三地先他而去，他对天主教的热情也由此逐渐减弱。而且，许乐善也并没有像徐光启一样积极向家人传教。因此许乐善之孙许远度与甘弟大成婚时并不是天主教教徒，而是在甘弟大的感化下最终受洗入教的。

官界人际网络与传教事业的开展

在华耶稣会的"上层路线"传教策略在徐光启身上取得的效果，同样体现其在官界拥有的人际网络对于传教活动的推动作用上。

徐光启受洗入教时尚为举人，并未任官。两年之后得中进士，出任翰林院庶吉士，由此踏上仕途，最终官至礼部尚书及东阁大学士，成为中国奉教士人之中官职最高的一位。在他与传教士的交往中，除了跟随传教士研习天主教义及西学、合作翻译西洋著作之外，徐光启还十分注重利用自己在官界的人脉和社会关系，努力为传教士的传教活动创造有利环境。比如，在教难期间，徐光启除了上《辨学章疏》公开为传教士辩护外，还"在官场中使用自己的权威，给很多官员写信，让他们对教徒温和一些"。受助于徐光启在官界积累的各种人际关系，耶稣会士不仅在教难中得到了保护，其传教范围也得到了极大扩展。

另外，还有不少官员因为与徐光启相熟，获得了向传教士请教西学或天主教义的机会，最终受洗入教。例如，根据1621年的耶稣会年报记载，当时的五河县知县与徐光启相熟，并且敬重传教士，愿意向传教士请教，于是徐光启便介绍传教士毕方济前往五河县，专程向该知县传教。不久，这位知县便向毕方济表达了希望入教的意愿，但因置有姬妾多人，有违天主教义中的一夫一妻制度，所以无法受洗。虽然自身未能正式入教，但该知县积极劝使其家人入教，并命其子女率先受洗。据称，这位知县始终与徐光启相善，还常常表示与徐光启持有同一信仰。毕方济在五河县停留的数月中，除了为知县的家属付洗外，还曾为五河城内多人授洗，从而为天主教在五河县的发展打下了坚实基础。

并且，据《江南传教史》记载，万历四十一年（1613）前后，有某位扬州籍进士在北京与徐光启相识，并在徐光启的劝导下开始接触西学，随之对其产生兴趣。当时，徐光启因在主持礼闱襄试，即上文提到的春会试分考时，与同官魏广微产生矛盾，招致廷臣非议，加上本就身体不适，萌生去意，于十月，托病归乡。临行前，徐光启邀请了同年入华后被派至北京的传教士艾儒略与其一同前往上海。徐光启返乡时，正好那位进士也回故乡扬州等候派遣职务。徐光启便将他介绍给了杨廷筠，之后又邀请传教士艾儒略对其进行指导。艾儒略受到徐光启委托之后随即前往扬州，借向该进士讲授西学之机进行传教。艾儒略当时并不知道，徐光启的这次引荐对其之后数年传教范围的拓展将起到极为关键的作用。

在艾儒略的积极劝化下，该进士不久便接受了天主教信仰，并举行了隆重的受洗仪式。关于他的入教过程，高龙鞶做了如下记载：

> 这人聪明好学，不但爱好西方科学，同时也接受了信仰。他穿了进士出身而擢任道员的官服，在祭台前跪拜致敬，然后接受了台上所置的教理书籍。这是神父们规定的士大夫列为"望教者"之前应行的仪式。这便是扬州教务的开始。（中略）受洗之前，守斋数天，作为准备，洗名"伯多禄"。其子十岁，同时受洗，洗名"斐理伯"。未几，即全家受洗。

据称，伯多禄与斐理伯二人均信仰十分虔诚，并且对传教也分外热心。艾儒略在滞留扬州期间，还曾为该家族以外的其他多人授洗，由此，扬州成了他的第一个开教之地。而伯多禄的家庭，此后则逐渐发展成了一个小型会口。

受洗后不久，伯多禄便被派往陕西担任要职。临行前，伯多禄邀请艾儒略与其同行。于是，艾儒略便随其前往陕西传教。据称，艾儒略暂居陕西期间曾带领当地人试种葡萄，并用试种的葡萄酿造弥撒时用的葡萄酒，获得了良好效果，提高了传教士在当地的声誉。在陕西时，艾儒略还曾受韩氏兄弟等奉教士人之邀访问了山西，成了第一个进入山西的传教士。艾儒略在陕西、山西二省并未久居，因此没有正式在两地开教，但为天主教在当地的发展奠定了基础，而这一切可以说皆源于当初徐光启的引荐。《江南传教史》之中也记载：

> 伯多禄所过之处，已使人认识天主教。但教会
> 的最先进入两省，仍应归功于徐光启。

泰昌元年（1620）前后，伯多禄被朝廷任命为福建巡抚，他又再度邀请艾儒略与其同行。不过当时，艾儒略因需前往杭州为李之藻的母亲举行天主教式的葬礼，便谢绝了伯多禄一同前往福建的邀请。四年后，曾任内阁首辅的叶向高退官返回故乡福建时，同样邀请艾儒略同行，由此，艾儒略成了踏入福建省省城福州府的首名耶稣会士。

徐光启的官界人际网络给传教带去的裨益不仅存在于其在世期间，即便在徐光启于崇祯六年过世之后，他在官界的人际关系依然继续为传教士的传教活动提供了便利与帮助。传教士

潘国光便是其中的受益者之一。崇祯十四年（1641），"以旧建堂卑隘，瞻礼者众，不足以容"，潘国光在徐光启家人的协力下，在上海建造了新堂，名为"敬一堂"。建成之后，当时担任松江府推官的李瑞和曾特意为"敬一堂"撰文。文中较详细地介绍了徐光启将天主教传至上海的过程，并对徐光启

敬一堂（上海黄浦区档案馆藏）

在西学上的成就给予了极高评价。顺治十七年（1660），上海知县徐贽也曾向敬一堂寄文，以表达对潘国光等在上海一带传教的尊重和敬意。而这些与徐光启在官界的名望和在上海的人脉与影响力不无关系。

同年，因"龙华民、邓玉函、罗雅谷、汤若望助徐阁学（徐光启）、李宗伯（李之藻）修历有成……上允谕礼部褒扬天学。礼部遵旨送给各堂'钦褒天学'匾额"，而将匾额悬于堂上的，以"上海居最先"。之后不久，便有众多官员相继向潘国光赠送匾额以及用于资助其传教活动的劳银。除了之前提到的李瑞和及当时担任松江知府的方岳贡等地方官员之外，向潘国光赠送匾额及劳银的还有不少位高权重的中央大官。然而，

汤若望像（摄于土山湾博物馆）

潘国光从未参加过历法编修，并且于崇祯十年（1637）来华后一直以松江为中心，在江南沿海地带进行传教，与北京的高官应该并无深入交往。因此，这些中央的高官之所以会向当时主持上海天主教教务的潘国光赠送匾额及劳银，应该是基于徐光启在世时的情谊，或对徐光启在历法编修上所取得的成绩表示敬意。

虽然相较普通民众，奉教士人在接受天主教信仰上一般需要更长的时间，但是他们入教之后为整个教会带来的除了自身的地位与影响力之外，还有其在官界与地方士人社会所拥有的人际关系。正如作为本章主线的奉教士人代表徐光启一般，虽然从初次接触天主教到正式受洗入教先后历时近十年，但入教之后徐光启不仅自身在各个方面积极对传教士提供帮助、支持传教，更进一步通过其拥有的社会人际网络，包括他的家族、门人、友人，以及在官界的人脉和影响力，培养并发展出一批新的助力，有效地推动了传教事业的发展。

除了著书译作、推行西学改革之外，积极利用自身在官界或士人社会的人际网络及影响传播西学和天主教信仰，为传教士创造更有利的传教环境，同样是这些奉教士人对天主教传教事业的发展所做的重要贡献，也是以利玛窦为代表的早期在华耶稣会士对"文化适应"及"上层路线"传教方针的期待，及其所取得的实际效果。可以说，这种以一位奉教士人为核心，以其拥有的社会关系为途径不断向外扩散、呈辐射状的传播模式是当时在华耶稣会"上层路线"传教方针的重要展开形式之一。

第六章

即便受到像徐光启这样的奉教士人的支持和协助，在华耶稣会的传教事业也并非一帆风顺。事实上，从西洋传教士们踏上这片国土的第一刻起，出于"夏夷之防"的排外心理，以及天主教与佛教及本土宗教道教的对立等原因，各种反天主教运动屡见不鲜。其中最著名的两次，当属明末万历年间由南京礼部侍郎沈㴶发起的"南京教案"，以及清初康熙年间由杨光先发起的"历狱"。

夷夏之防——明清间的
反天主教运动

龙华民与耶稣会传教方针的变更

1610 年，利玛窦在离世之前，将引导中国耶稣会前进的重任交托给了同样来自意大利的后辈——龙华民。据巴托利的记载，"鉴于龙华民神父在中文方面的造诣，长期以来在圣德方面的突出表现，以及出色的传教工作，促使总会长神父赐予他在耶稣会中极为难得的荣誉"，此外，巴托利还称赞这位来自西西里的耶稣会士自 1597 年入华以来，十年如一日，在传教工作上勤劳尽职，取得了显著成绩。

然而事实上，龙华民在传教方式上一直与前任会长利玛窦的意见相左。他认为利玛窦倡导的"文化适应"策略，尤其是允许中国信徒保留如祭祖这样的有异教色彩的传统习惯，从根本上是与天主教义相悖的。只是出于对会长的尊重，在利玛窦在世期间，龙华民并没有直言反对，而是默默按照自己的方式传教。但在他继任会长之后，耶稣会传教方针的变化便逐渐显露出来。

利玛窦在世时，为了保护耶稣会传教团历经千辛万苦在中国取得的成绩，一贯采用极为谨慎的传教方针。在传教方式上，尊重中国的传统文化，追求与儒家思想的融合，同时坚持走"上层路线"的方针，重视与文人士大夫的交往，努力博得主导政权的文官们的好感与认同。在传教活动的展开中，也要求传教士尽量避免与朝廷官员的冲突。另外，利玛窦还曾特意嘱咐会内教士，凡遇到涉及传教的重大事务均需先请教被誉为"三大柱石"的徐光启、李之藻和杨廷筠等奉教士人的意见。在利玛窦的领导下，在华耶稣会的每一步都走得小心翼翼。但龙华民对此却不以为然，他主张让天主教公开走向社会，按照欧洲的标准发展教徒：为信徒付洗时举办隆重盛大的仪式，并要求入教者必须承诺彻底抛弃传统的中国习俗，弃绝偶像以及一切迷信活动。同时，在传教对象上，放弃"上层路线"，不再迎合中国文人士大夫的需求，把传教的重心转移到普通民众身上。此外，龙华民自身也不看重以西洋科学作为传教手段，他自身虽曾一度被徐光启引荐进入历局，但不久之后便自行退出，前往山东等地传教。在介绍西方科学著作方面，龙华民也仅有《地震解》一卷而已。

中国教会史学家徐宗泽对于龙华民在方针上的改变曾做出如下评价："在无事的时候，此等办法还不妨碍，但一旦风波忽起，则将受大影响。"诚如其言，龙华民的这种传教方式虽然成功吸引了大批普通民众入教，但同时也引来了其他宗教团体以及文人阶层的不满。据《大中国志》记载，龙华民在广东传教时，曾经因为其强硬的态度，连续多次遭遇来自异教徒的骚扰，甚至谋害和诬告，所幸都化险为夷。这些强烈的不满情绪事实上已经暗示了龙华民的这种传教方式存在一定隐患，但却未能引起他的足够重视。随着传教范围的扩大和信徒的明显增加，新任会长龙华民认为中国传教团已经具有相当规模的社会基础，公开传教的时机已经成熟，可以开始以更为积极、更为直接的方式进行传教。主要负责南京地区传教工作的传教士王丰肃也支持龙华民的这一看法。虽然王丰肃在传教策略上一贯坚持利玛窦的"文化适应"方针，但对于救世功业的追求使得他在传教方法上赞同龙华民的激进做法。他们不仅在南京和北京建立了宏伟的欧式教堂，更主张在进行宗教活动时举办盛大的仪式以吸引中国民众的好奇与注意。这种惹人注目的传教方式在初期似乎取得了显著效果，尤其是在耶稣会的南京住院。随着传教的重点向普通民众倾斜，不断有新入教的信徒出现，为了合理管理南京信徒，王丰肃还特地划出了三个区域，规定每个区域新教徒前往教堂集合与听道的具体时间，之后各个区域又各自设立了教徒聚会的地点，以便开展宗教活动，这种欣欣向荣的景象让龙华民与王丰肃都非常满意。

《江南传教史》中记载，万历四十三年（1615），为了争取信仰的完全自由化，王丰肃甚至还计划起草一份请求万历皇帝同意传教士在全国传教的奏疏。草稿完成之后，王丰肃向以徐光启为代表的奉教士人咨询意见，结果却遭到反对。徐光启告诫王丰肃如果将这样的奏疏呈上朝廷，不仅无法获得皇帝的许可，反而极有可能招致朝廷的反感，并劝王丰肃在开展传教活动上一定要多加慎重。最终，王丰肃接受了徐光启的意见，放弃上疏。然而，龙华民推行的"纯正"传教路线却已把教会推到了与整个中国社会对立的位置上，来自各方对于天主教的不满情绪已经积重难返，明末时期最大的一次反天主教运动即将爆发。

《参远夷三疏》与南京教案

万历四十四年（1616）五月，南京礼部侍郎沈㴶向朝廷上奏《参远夷疏》，发动了对天主教的第一次攻击。在奏疏中，沈㴶称："近年来突有狡夷自远而至……自称其国曰大西洋，自名其教曰天主教"，并列举了天主教诸多罪状，例如：传教士利用西历变乱中国传统历、不祭祀祖宗等，并要求礼兵二部将为首者"依律究遣，具疏立限驱逐"。

徐光启等奉教士人得知此事后曾尽力挽救。事实上，教难的发起者沈㴶与天主教"三大柱石"曾有着不错的私交。在徐光启得知沈㴶上疏攻击天主教之后，立即写了家书寄回上海，嘱咐家人对前来避难的传教士多加照顾。信中称：

> 西洋先生被南北礼部参论，不知所由，大略事起于南，而沈宗伯（即沈㴶）又平昔称通家还往者，一旦反颜，又不知其由也。

可见，徐光启与沈㴶之间素有往来，而杭州出身的李之藻和杨廷筠更与沈㴶是同乡。在得知沈㴶发起教案后，杨廷筠曾亲自写信给沈㴶，竭力劝其中止此事，李之藻亦曾致函请南京的官员维护协助。然而，沈㴶得知此事后却恼羞成怒，对于天主教会的迫害更是变本加厉。

由于《参远夷疏》奏上之后，历时三月都未得到批复。同年八月，沈㴶又上奏《再参远夷疏》，重申之前对天主教的指控，并且加大攻击力度，称"（王）丰肃神奸，公然潜在正阳门里、洪武冈之西，起盖无梁殿，悬设胡像"，并以银两"诳诱愚民"。此外，他还对传教士的居所提出抗议和质疑：

> 城内住房既据洪武冈王地，而城外又有花园一所，正在孝陵卫之前……蟠虎踞之乡，岂狐鼠纵横之地，而狡夷伏藏于此，意欲何为乎？

同时，沈㴶命南京东城兵马司对在南京传教的教士及教徒进行抓捕，当时被捕的西洋传教士有王丰肃、谢务禄二人，另外还有钟鸣仁、曹秀、姚如望、钟鸣礼、张寀、余成元等中国教徒二十余人。

两道奏折之后，因皇帝迟迟没有明谕，沈㴶又于十二月上了第三道奏疏，内容仍是质疑传教士意欲图谋不轨，祸患中国。在奏疏中，沈㴶指控天主教为异端邪说，与传统儒家伦理不符，且天主教并不承认皇帝为最高精神权威。并言："据其所称天主，乃是彼国一罪人"，控诉传教士与中国文人结交是为了获取官方文件等。

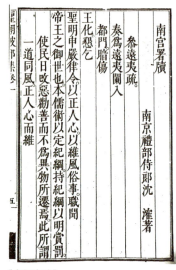

《参远夷疏》

关于沈㴶之所以会上疏参奏传教士、向天主教发难的缘由，国内外学界存在多种说法。例如，有美国学者认为主要原因基本与徐光启等奉教士人有关：首先，与沈㴶交好的师友莲池和尚袾宏曾作《天说》对天主教发起攻击，后因徐光启强大有力的反驳文章含恨而终。而沈㴶发起教案的原因之一就是为了替袾宏报仇。并且，由于天主教与佛教之间的对立，据称佛教僧侣还曾花费巨资贿赂沈㴶，让其设法驱逐传教士；其次，在北京发生的几次宗教论战中，沈㴶均负于徐光启和杨廷筠，令其心有不甘；第三，在修历问题上，沈㴶反对聘用庞迪我、熊三拔等传教士以翻译西方天文学著作，导入西洋历法对中国传统历法进行改革的办法。上述诸事件使得沈㴶对天主教传教士非常不满，最终导致了教案的爆发。

另外近年，有中国学者指出，沈㴶对天主教发动攻击，除了对天主教本身怀恨在心之外，还有一份政治上的企图。他希望通过这种反"邪教"行动，进一步提升自己在官界的地位，这一点与沈㴶的政治背景有着密切联系。他的后台是排挤掉叶向高而独揽相权的方从哲。方、沈二人亦是同乡，并且均属于与东林党敌对的浙党一派。方从哲是浙党头领，而沈㴶被认为是其得力干将。此前沈㴶曾历任国子监司业、翰林院侍讲等职。万历二十四年（1596），改南京礼部右侍郎掌部事。有学者指出，方从哲掌权之后，立即将沈㴶派往南京，其目的就是让他掌控南京的权力与舆论，从而在东林党活跃的江南地区对其进行打击。而沈㴶之所以选择西洋传教士作为攻击对象，一方面是因为"夷夏之变"是最敏感也是最容易操纵的政治议题。另一方面，则是因为还可以进一步借题发挥，连带打击一批对传教士和西学持有好感的东林党人。

这次的教案对在华天主教会，尤其是南京的教务发展造成了不小打击。在沈㴶反复上奏之下，神宗终于在万历四十四年（1616）十二月下达敕令将北京和南京两地的庞迪我、熊三拔等4名传教士一并"押解出国"，不准其"逗留内地"，另外两名神父费奇观和阳玛诺则遭到通缉。很多天主教在中国的场所设施均遭到破坏。据《江南传教史》记载，其间，沈㴶曾带兵包围南京住院，逮捕神父，并将院中所有财务加以查封。很多地区的教堂和住院皆被拆毁，神父的书籍与教堂中的祭器，都被送至沈㴶的衙署当堂焚毁。南京地区受到的迫害尤为严重，南京的西式教堂和传教士的两处住所被毁，圣像、经书等被烧。八月中旬，在南京被捕的传教士已达 26 人之多。受到南京教案的影响，甚至在北京、杭州、南昌、韶州等地传教的教士们也无法安居。

这次的反基督教运动还得到了相当一部分士大夫和儒生的响应，据称南昌 300 名秀才于万历四十五年（1617），联名签署一份请愿书，请求皇帝驱逐传教士，禁行天主教。文人阶层的反对与龙华民继任在华耶稣会会长之后对传教方针做出的改变有着直接关系。如前所述，新任会长龙华民放弃了原来利玛窦主张的"文化适应"以及"耶儒相容"的政策，对于儒教摆出一副强硬的态度，强调天主教的唯一性和排他性。在宗教礼仪上，不仅坚持遵从基督教诸礼仪的做法，更禁止信徒祭祀自家祖先，要求"尽去家堂之神"，"惟悬天主之像"。其结果自然招致了深受儒家思想渗透的知识阶层的强烈抵触与反感。这不仅是天主教与儒家思想之间的龃龉，更是中国文化与西方文化之间的冲突。

沈㴶的这次攻击还对后世的反天主教运动产生了较大影响。崇祯十二年（1639），徐昌治编《圣朝破邪集》（又名《皇

《破邪集》（日本国文学研究资料馆藏）

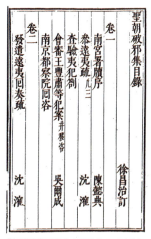

《圣朝破邪集》目录（日本国文学研究资料馆藏）

明圣朝破邪集》、《明朝破邪集》，简称《破邪集》），初刻于浙江，其中便收录了沈㴶的三道奏疏。该书被认为是第一部反基督教的中文著作，为此后的反基督教指控提供了范本。

《辨学章疏》

面对沈淮向天主教提出的多项指控，许多奉教士人并没有因为害怕受到牵连而采取明哲保身的做法，而是纷纷向前来避难的传教士们伸出援手，向其提供庇护之所。除此之外，也有奉教士人挺身而出，公开为天主教和西洋传教士辩护。例如，杨廷筠针对沈淮在奏疏中将天主教与白莲教视为同类这一点，专门写下了《鸮鸾不并鸣说》一文，从14个方面阐述了天主教与秘密结社之间的区别。之后又写下了其姐妹篇《圣水纪言》，由李之藻代为刊刻。而当时最为著名，对后

《辩学章疏》（徐光启纪念馆藏）

世影响最大的护教文，则当属徐光启向朝廷上奏的《辨学章疏》。

南京教案发生之前，徐光启因与魏忠贤等阉党一流有隙，曾托病到天津专务农业。教案发生之后，徐光启便从天津赶回北京，并上书《辨学章疏》为天主教辩护。在此疏稿中，徐光启开诚布公地承认自己与这些西方传教士的密切关系，他说"廷臣之中，臣尝与诸陪臣讲究道理，书也"，又坦言："诸陪臣果应得罪，臣岂敢幸部臣之不言以苟免乎？"随后，徐光启全面阐发了他对天主教的看法和评价，并高度评价了传教士的品行以及学识。他通过对传统中国文化的反思，指出天主教作为一种道德和政治教化理论的意义，并提出西学可以"补儒易佛"，使得"兴化致理，必出唐虞三代上"。

在《辨学章疏》中，徐光启首先为传教士的品行和人格做了辩护，并将他们称为"圣贤之徒"，称颂他们"其道甚正，其守甚严，其学甚博，其识甚精，其心甚真，其见甚定，在彼国中亦千人之英，万人之杰"，当然，此文之意在于为传教士辩护，所以言语之间自然不乏夸张和渲染，但仍然可看出徐光启对于传教士的欣赏和赞扬，以及对其品格与学术的高度认同。此外，徐光启还将传教士来华的目的描绘成印证"中国圣贤之教"，"欲使人人为善，以称上天爱人之意"，以强调儒教思想与天主教思想的相容相通，因为很显然，这是天主教会被朝廷接受的基本前提之一。

其次，徐光启指出了中国传统伦理道德中的不足。他认为："古来帝王之赏罚，圣贤之是非，皆范于人善，禁人于恶，至详极备。然赏罚是非，能及人之外行，不能及人之中情。"也就是指儒家思想中的赏罚之术、圣贤之是非只能对人们的言行举止起到规范作用，而不能抵达人心。于是，"一法立，百弊生，空有愿治之心，恨无必治之术"，所以只能借助佛教思想。但在徐光启看来，自佛教传入"前八百年，而世道人心未能改易，则其言似是而非"，并且佛道合流更是"既与古帝王圣贤之旨悖矣，使人何所适从、何所依据？"面对如此困境，徐光启提出只有"诸陪臣所传事天之学，真可以补益王化，左右儒术，救正佛法者也"，这也就是他著名的"补儒易佛"的思想。

在徐光启看来，天主教有一种"劝善止恶"的道德教化作用。在他心中，天主教"其说以昭事上帝为宗本，以保救身灵为切要，以忠孝慈爱为工夫，一迁善改过为入门，以忏悔涤除为进修，以升天真福为善之荣赏，以地狱永殃为作恶之苦报"，他认为这一切诫训规条都是出于"天理人情之至"，所以天主教思想能够弥补儒学从外在进行规范的不足，通过树立一个上帝的形象从人心出发形成约束。天主教宣扬天堂、地狱之说，"足以耸动人心，使其爱信畏惧"，从而"能令人为善必真，去恶必尽"，所以能够以此整顿晚明颓丧的世风。

对于他提出的所谓天主教的道德教化功能，徐光启担心"倘以臣一时陈说，难可遽信；或恐旁观猜忖，尚有烦言"，于是他总结出了三条"试验之法"：其一，将有名的陪臣召集到京城，选择一些内外僚臣与他们一起翻译西来经传，并"钦命廷臣共定其是非"；其二，因为天主教教义与佛老之术相左，故而会引来僧道之流的攻击排斥，所以"乞命诸陪臣与有名僧道，互相辩驳，推勘穷尽，务求归一。仍令儒学之臣，共论定之"；其三，如若前两种方法难以施行，那么"令诸陪臣将教中大意、戒劝规条与其事迹功效，略述一书"，并将以往翻译的作品和经典原文"一并进呈御览"。由此可以看到，徐光启拿来试验天主教价值的仍是作为主流思想的儒家学说。

徐光启对于儒学和佛老之学的态度是截然不同的。作为一个从小接受儒学思想洗礼的中国文人，与许多奉教士人一样，徐光启并没有抛弃儒家文化的理论内核，他依然是以是否符合儒学所宣扬的伦理是非标准来判断天主教教义。但是，在他看来天主教思想有着超越儒学，给儒学带来全新生命力的品质。明朝以来呈现出一种"儒、释、道"三教合流的倾向，形成了虚空不实的学风。在徐光启看来，正是因为受了佛老之学的影响，以禅宗为代表的佛学思想使得宋明理学沾染了禅气，而王门后学表现得尤为突出。由于徐光启曾受到晚明兴起的经世致用为宗旨的实学思潮的影响，因此，在他接触到的传教士带来的西方科学理论时，其具有的"实学实行"的品格对他产生了莫大的吸引。所以，相比之下，他认为天主教思想远比僧道之术更能教化人心，整顿世风，重建道德价值体系，实现"实学实行、劝善止恶"的功能。儒学在他看来是根本之学，需要进一步传承发展并通过天主教思想不断完善、改进，而佛老之学则是要被"移除"和取代的，这也是他"补儒易佛"思想的核心。

同时，针对沈㴶向天主教提出的指控，徐光启还提出了三种"处置之法"，其一，解决传教士经费和住所的问题；其二，使传教士"随其所在，依止焚修，官司以礼相待，使随人引掖"，教化民众；其三，通过官府对从教人员进行监察，品评善恶。通过这样的方法，徐光启认为"谁是谁非，孰损孰益，久久自明矣"。

然而，徐光启的这道奏疏最终只得到了万历皇帝"知道了"三个字的简短批复，而他提出的证明天主教之所长的各种方法自然也没有得到施行。但是这篇护教文在教会内产生了很大影响，被奉为典范。至康熙十五年（1676），耶稣会还专程将徐光启这篇《辨学章疏》刻石，作为《上海县城南耶稣会修士墓碑记》。

教案余波

徐光启完成《辨学章疏》之后，时任会长龙华民曾嘱咐会内教友将其传抄刻印，希望以此为天主教正声，然而这些刊印徐光启文稿的教徒却因此被沈㴶派人逮捕，投入大牢。

此次被捕的教徒共有 8 人，其中包括中国籍修士钟鸣礼。钟鸣礼与前文提到的钟鸣仁为同胞兄弟，二人与父亲一起在澳门入教，后进入内地尽心协助在华耶稣会士开展传教活动，最终正式加入耶稣会。钟鸣仁已在沈㴶抓捕王丰肃时一同被捕。在这两起案件中，钟氏兄弟二人均被视为主犯，因此受到了严酷的审讯。据《江南传教史》记载，二人各被杖责七十，后被处以流刑。钟鸣仁被判终身流放北方边境，修筑防御鞑靼的长城。不过幸好被南京的教徒救出，退居在杭州杨廷筠家中。钟鸣礼则被判罚终身服苦役，在南京附近某地做拖船的纤夫，之后下落不明。

涉案教徒定刑后，沈㴶又以礼部名义张贴"会获邪党后告示"，指控这些教徒为邪党，散步天主教狂诱愚民，严禁人们崇拜天主、耶稣，严禁施行洗礼，严禁教徒赴堂集会，这一禁令对南京的教务发展产生了严重阻碍。

沈潅原本希望借助反天主教一事，得到皇帝重视，进而升任尚书，却没想到朝廷反倒令其卸任官职，告假回籍。由于沈潅已经去职，徐光启、杨廷筠等奉教士人利用自己在官界的人脉与影响力，使得官府对天主教的镇压有所缓和。教徒也不再受到搜捕，包括王丰肃等在内的 4 名传教士被逐之后，当时内地还留有 9 名传教士。由于不能公开传教，因此大多前往教徒的家中避难，留下一些中国籍修士负责看守教会产业，探望教徒。

教案的发生对教会而言是一场劫难，但北京的一些太监却将此视为夺回产业的良机。正如在前章中介绍，利玛窦过世之后，获得了皇帝御赐的墓地，而这一土地原本属于一位在宫内很有权势的杨姓太监，由于犯有重罪而被判死刑。据曾德昭介绍，为了保住此地，该太监将其改建为寺庙，取名为"承恩寺"，但是最终该土地还是被朝廷充公，赐给教会。对此，杨太监的亲属与侧近一直耿耿于怀，他们还曾一度请求宫内势力庞大的太监和朝中的重臣相助，希望能取消下赐，但也未能成功。此后，他们便屡屡对驻守墓地的传教士们发难。南京教案爆发后，太监们便一直想借助沈潅的禁令收回墓地。

当时留守墓地的是两名中国籍修士游文辉与倪雅各。据传教士伏若望记载，当时杨太监的亲属与侧近贿赂了当地的官员，甚至还得到了顺天府知府的支持，打算将两名修士告上公堂，强行夺回墓地。两名修士立即向当时正在北京的徐光启求助。徐光启在得知此事之后，立即向受理此案的官员，即顺天府知府写了一封书信。信中不仅一一反驳了对于修士们的诬陷，还强调墓地为皇帝御赐，如果该官员胆敢违背圣意，则恐其自身也将难保。或许是徐光启的书信起了效果，最后知府在公堂上做出了有利修士们的判决，甚至还给了修士们新的证明文书。

关于利玛窦墓地的风波并未就此停歇，伏若望在《徐保禄进士行实》中还记录了另一则徐光启保护墓地的逸事。当时，教案的余波已经开始渐渐平息。为了复兴北京教务，原本寓居在徐光启在北京住所中的传教士毕方济乔装改扮后，偷偷潜入了利玛窦的墓地。不料却被一直虎视眈眈盯着墓地的太监们发现，他们以其公开违反禁令为由，率人将墓地团团包围。修士立即派人通知徐光启，徐光启得知后立即带着一名下级官员一起赶来营救。他本打算让毕方济穿上该名下级官员的服装后将其悄悄带离。不过在徐光启赶到之前，就获悉毕方济已经自己设法离开了墓地，于是安心而归。

另外据《江南传教史》记载，为了保护利玛窦的墓地不被太监们觊觎，徐光启与当时出任光禄寺少卿的李之藻还曾集结一批天主教徒祭扫利玛窦之墓，以彰显此地归教会所有。而且，徐光启还利用其在官界的人脉与影响力，撤销了太监们对毕方济的控诉。

虽然南京教案随着沈㴶的去职一度暂告平息，但几年后，沈㴶又再度得势。万历四十七年（1619），方从哲推荐沈㴶为大学士，次年又被召至北京，升任礼部尚书、东阁大学士。沈㴶进京就任之后，与魏忠贤及其同党一起再次向天主教发难，指控其与白莲教一样，应对教徒处以同等罪行。据高龙鞶记载，在南京地区被抓捕的教徒有 36 人，其中有七八人被押至堂上受审，遭受杖刑。所做判决完全依据沈㴶的禁令，凡非南京本地的教徒，全都被递解回原籍，南京的教徒则坐牢带枷。有些教徒由于不堪重型，死于狱中。所有被查抄的书籍、图像，以及其他宗教物品，全被焚毁。

不过这一次的风波持续时间并不是很长。沈㴶就任之后，弹劾他的奏章便连续不断。至崇祯朝，阉党失势，沈㴶被参去职。他在回到原籍杭州之后，次年便病逝了。南京的仇教活动也随之渐渐平息。

明清鼎革之际的耶稣会

至崇祯朝，全国教务已基本恢复，各地也都能自由传教。徐光启尤为受到崇祯皇帝的器重，不断被委以重任。而他此前一直倡导的历法改革与军事改革也在崇祯朝得到了实践。具体可参见本书第四章中的介绍。在汤若望、罗雅各等传教士的努力下，宫中有不少太监、宫女，甚至嫔妃受洗奉教。而且，崇祯皇帝本人似乎对天主教也并不反感。崇祯十四年（1641），崇祯历法完成之后，为了褒奖徐光启与传教士们的功绩，皇帝特地御赐"钦褒天学"匾额，馈送各地天主教堂悬挂。

然而，面临内忧外患、国力空虚的明朝终究无力回天。1644年，崇祯皇帝于煤山自尽，明王朝覆灭，满人入关占领北京。在动荡的明清鼎革之际，随着政局的变动，在华耶稣会士的命运迎来了巨大的转变。由于支持的政权不同，一些传教士也因此走上了不同道路。例如，传教士毕方济选择支持南明政权，活跃于南明三朝。

崇祯皇帝殉国后，南方忠于明朝的诸臣便迎明神宗之孙朱由崧于淮安，拥立其为新帝。不久，朱由崧于南京即位，成为南明的首位皇帝，年号弘光。弘光帝登基后，一方面与满人议和，另一方面则派遣毕方济作为使臣前往澳门，向葡萄牙人"借兵购械"，寻求援助。据称，毕方济以事成之后将获许自由传教，并允许信徒建设教堂为条件，接受了任务，并于1645年3月末从南京出发，前往广州。然而，途中便听闻弘光帝遭臣下出卖，为清军所拘，后被处死。当时，朱聿键受拥在福建登基，改元隆武。由于隆武帝曾与毕方济在常熟相识，关系友善，便延续了弘光帝的委托，在召见毕方济的"上谕"中称：

　　　　尔毕方济，与朕相识二十载，堪称师友。曾三
　　次遣书致意，欲委以武职，以襄大事。今先命尔为
　　使臣，希有所教益。

　　字里行间透露出隆武帝对毕方济的信任和期望。此后，二人还曾相互赠诗，以明心迹。毕方济在诗中以隆武皇帝的"唯一长素，不独口斋于味"、"唯一中宫，不独身远于色"等生活习惯比附基督教"守斋"、"独妻"等礼法，表达了对隆武帝崇奉天主教的期许。隆武帝虽然没有如其所愿受洗入教，但很快下旨允许毕方济在广州城内建造天主教堂，还给了葡人前往广

州营商的自由。此外，隆武帝还派遣了信奉天主教的太监庞天寿与毕方济一同出使澳门。

然而，1646 年，清军进入福建，隆武帝在汀州被掳，最终绝食而亡。同年，桂王朱由榔在广东肇庆称帝，年号永历。据称，在庞天寿的进言下，永历帝仍以隆武帝时给予的特权赐予毕方济，并授其四大官职之一的"国师"称号。而且，在庞天寿的劝化下，永历帝的太后、皇后、皇子都先后领洗入教。不过，此时的南明朝廷早已实力衰微，根本无法与清朝抗衡，面对清军的进攻，只得节节败退。1659 年，永历帝在臣下的护送下从昆明一路逃亡，直至缅甸境内，被缅甸王收留。然而之后缅甸发生政变，永历帝被献给吴三桂，最终被处死。

除了毕方济之外，传教士潘国光也曾对抗清军。自学者考证，扬州、南京失守后，临江靠海的松江、嘉定是酝酿抗清的据点。1644 年，陈子龙和夏允彝在松江府城发动起义，当地大族领袖纷纷参加。在上海，势力强大的天主教大族更成了抗清的中坚力量。根据西文史料记载，传教士潘国光曾领导松江的天主教徒参加抗清活动。

与毕方济和潘国光等不同，还有一些耶稣会士选择归附清廷。汤若望就是其中最突出的代表，他凭借在天文历法上的深厚造诣，得到了明清两代皇帝的认可与尊重。汤若望于 1622 年进入中国，之后便被派至北京学习汉语。据称在此期间，他曾推算月食，三次都得到验证，使他声名鹊起。此后汤若望曾一度被派往陕西管理教务，但崇祯三年（1630），在钦天监从事历法编修的传教士邓玉函去世后，汤若望与罗雅谷两人被召至北京，继续邓玉函的未竟之业。崇祯十四年，崇祯历法完成，获得了皇帝的极大嘉许。除了修历，汤若望还被委任铸造大炮。据费赖之记载，1636年，在皇宫附近设置了一所铸铁厂，开始制造大炮。汤若望持续两年负责制炮，先是初步制成了20门大炮，之后又制成一种轻型长炮。在历法编修与铸造火炮上的功绩，使得崇祯皇帝对汤若望颇为青睐，汤若望也由此获得了进入宫中的权利，借机在宫中传教。据统计，至崇祯十三年（1640），宫中信奉天主教的宦官多达四十余人，信教妇女达50人，包括3名后妃。而崇祯皇帝本人则也因为曾经"命将宫中累年供奉之金银佛像，不知凡几，尽崇捣毁"，而被认为对天主教持有好感。

虽然汤若望受到了崇祯皇帝的礼遇，但他似乎对明王朝的政权没有太多的依恋，也将王权更替看得云淡风轻。据耶稣会年报记载，汤若望曾经说过"如果这个皇帝不在了，会再来一个，对我也许比他更好"。因此，在崇祯皇帝被逼死，北京遭遇兵荒马乱之时，汤若望并没有南下逃难，而是坚守在南堂，保护着尚未镌刻完毕的《崇祯历书》的木板，并照顾未能逃走的教友。清军进入北京之后，顺治皇帝曾下令将城中汉人悉数

北京古观象台

迁出城外，汤若望亦在迁移之列。为了保护教会长年来辛苦获得的成果，汤若望勇敢地向清廷递送奏折，阐明自己的身份与来意，以及在前朝奉旨编修历法之事，称堂中供像、经典、天文仪器移动不便，恳请皇帝准其"仍居原寓，照旧虔修"，第二天便获得了准许。

　　清朝掌握政权之后，按照传统为表明新朝顺天承运的合法性，同样需要有人观测天象，颁布历法。顺治元年（1644），汤若望利用西洋新法准确地推算出了日食，使清朝的统治者们看到了新修历法的优越之处，也认可汤若望在天文方面的才能。于是第二年，清廷便将《崇祯历法》改名为《时宪历》，颁布天下，而汤若望也被顺治皇帝授予了钦天监监正一职，这既开启了由西洋人主管钦天监的先例，也开创了由耶稣会士主持历局的传统。

汤若望在历局制造了各种观象仪器，还在《崇祯历书》的基础上，撰写了《筹算》、《历法新传》、《新法历引》。另外，依据魏特（Alfons Väth）《汤若望传》中的介绍，顺治皇帝在召见荷兰使节之时，汤若望曾充当翻译。之后皇帝还曾向汤若望询问有关荷兰的情况，并就与荷兰的商务草约向其咨询意见。汤若望因其才华，受到了顺治皇帝的器重，先后被加封"通政大夫"、"太常寺卿"等各种称号，获三品官衔，之后又升为光禄寺大夫。

在历局的工作之外，顺治皇帝还常常与汤若望长谈，向其咨询，与其议事。汤若望也会见机向皇帝介绍天主教义，谈论圣经典故。由于汤若望颇受皇帝垂青，教会及其在各地的资产也受到了庇佑。正如叶梦珠《阅世编》中记载：

> 鼎革之际，宦家邸第，大半残毁于兵。独西洋一派，有汤味道若望主持于内，专征文武，往往反为之护持。

顺治七年（1650），皇帝将宣武门内天主堂侧的一方空地赐给汤若望建立教堂。顺治十四年（1657），新堂落成，顺治皇帝亲赐汤若望"通玄佳境"的匾额，以及近千字的《天主堂碑记》。碑记中称赞汤若望"入中国已数十年，而能守教奉，肇新祠宇，敬慎蠲洁，始终不渝，孜孜之诚，良有可尚"，至今，此碑依然保存在南堂的院里。

杨光先发难 ——"历狱"爆发

在汤若望的推荐下，南怀仁（Ferdinand Verbiest）等一些传教士也陆续进入历局供职。虽然传教士在历局尽心尽职，为朝廷编书制器，观测天象，但使用依据西洋历法编修的新历，和由西洋人掌管钦天监的做法，无疑对中国传统历法是一次巨大的冲击。一些原本在钦天监供职的官员也因为启用西法制历而被革了职。因此，这些原钦天监历官与一批保守派朝臣对于以汤若望为首的西洋传教士，一直心怀不满。只是苦于顺治皇帝此前一直对汤若望颇为敬重，才未敢明目张胆地进行攻击。

不过，虽然顺治皇帝对汤若望敬爱有加，却并未表露过对于加入天主教的兴趣，甚至在为汤若望撰写《天主堂碑记》时还特意提道：

夫朕所服膺者，尧舜周孔之道，所讲求者，精一执中之理……西洋之书，天主之教，朕素未览阅，岂能知其说哉？

这也被认为是对汤若望平日尝试对其传教所做的回应。顺治末年，皇帝对佛教的信仰日益加深，与汤若望的关系也就日渐疏远了。察觉到这一变化之后，一些原本就对汤若望不满的官员开始对其陆续发难。顺治十四年（1657），原任钦天监秋官正吴明炫先后两次上奏称汤若望所制历书推算天象失准。后来经验证，是吴明炫自己推算有误，被治了一个"诈不以实"之罪，险些被处死，后因援赦得以幸免。

顺治十六年（1659），一位名叫杨光先的布衣撰写了《摘谬论》，请人呈送礼部。文中指责汤若望所编历法存在十处谬误，又斥责他不遵守古法。此外，杨光先还写了专门针对天主教的《辟邪论》，称"耶稣为谋反之渠魁"，斥圣经为"妖书妖言，悖理反道"，并且攻击汤若望"非我族类，其心必殊"。次年年底，杨光先又向礼部呈上《正国体呈》，控告汤若望借西洋新法阴行邪教。在《时宪历》封面上题写"依西洋新法"字样，"是暗正朔之权以予西洋，而明谓大清奉西洋之正朔

杨光先《辟邪论》（台湾"中央图书馆"藏）

也"，但礼部只是将封面改为"礼部奏准"，便了结此事。

虽然朝廷并没有因为杨光先的奏请，对汤若望或天主教会不利，然而，杨光先的这些言论所产生的影响却越来越大。为了反驳杨光先的攻击，传教士利类思（Ludovic Bugli）、安文思（Gabrielde Magalhes）与时任钦天监监副的天主教徒李祖白一同撰写了《天学传概》一书予以反击。如同新任在华耶稣会会长龙华民一样，利类思、安文思二人在传教思想上也比较保守，并且本就对利玛窦时期以来的"文化适应"策略持有异议，因此他们在书中公然宣扬天主教超越一切宗教，称东西方各国之人皆是上帝所创，从而引起其他宗教人士以及文人士大夫们的强烈不满。

顺治十八年（1661），顺治皇帝逝世。年仅八岁的康熙即位，实权落入辅政大臣鳌拜手中。鳌拜等人一改由清朝入关以来奉行的较为开明的政策，要求"率祖制，复旧章"。趁这股恢复旧制的热潮，杨光先再次呈上《请诛邪教状》，受到4位辅政大臣的支持。康熙三年（1664），朝廷下令拘捕汤若望、南怀仁、安文思、利类思等传教士，与李祖白等钦天监官员，随即进行了长达七个月的轮番审讯。当时汤若望已年逾七旬，并且身患重病，口舌不灵，审讯期间只能由南怀仁代为作答。次年三月，朝廷宣判将汤若望、李祖白等五位钦天监官员全部凌迟处死，另有五人被判斩立决。南怀仁、利类思、安文思三名传教士则被发配充军。全国禁止传播天主教，各省各地的传教士被驱至广州。同时，废除新历，重新启用旧历。

然而，在判决当天，京城突然爆发强烈地震。这场突发的灾难被认为是上天的警示，暗示汤若望一案存在冤情。此事甚至惊动了康熙皇帝的祖母孝庄太后。太皇太后传下谕旨，指责朝臣不该如此对待颇受先帝信任的汤若望，下令将其释放。在太皇太后的干预下，汤若望等四名传教士死里逃生，但包括李祖白在内的五名钦天监官员依然被处死，而汤若望由于年迈体弱，被释放后一年便在京逝世。

遭遇重大变故的钦天监急需一个新的监正。勇于指出西洋新历"谬误"的杨光先自然被朝廷认为是不二人选。因此康熙四年（1665）四月，杨光先被任命为钦天监监副。但深知自己并不精通历法的杨光先并不敢接任，接连五次上疏辞任，推说自己"但知历理，不知历数"，但都被朝廷拒绝。四个月后，他又被任命为钦天监监正。勉强赴任的杨光先为了表明心志，寻找托辞，特意写了著名的《不得已》一文，称："宁可使中国无好历法，也不可使中国有西洋人。"

杨光先到了历局之后，一方面运用自己手中的权力打压那些精通西洋历法的历官。据南怀仁《熙朝定案》中记载："凡本监各官精通新法、能专其事者尽遭陷害，有至于正法者，有流徙者，有革职者。"康熙十年礼部重新核查历局中被杨光先告发而遭受处罚之人，据统计约有 14 人。另一方面，由于杨光先自身并不精通历法，所以扶持了熟悉回回历的吴明烜作为钦天监监副。吴明烜有一个兄长，即是上文提到的吴明炫。吴明炫曾是钦天监原回回科的秋官正，因为朝廷启用西洋新法，撤销了回回科，因此对汤若望等人心怀不满，所以才会于顺治十四年上奏控诉新法存在谬误。但因所告不实，差一点送了性命。吴明烜当上监副之后，日月交食、五星凌犯等测量全都由他负责。而杨光先自己则主要将精力放在制器测候，解送江南的观象台仪器来京，选择、更改历书等事务上面，然而在各项上均无建树，亦无成效。

汤若望平反昭雪

　　杨光先本身并不懂治历，又清除了钦天监之中精通西法的历官，因此，历局之中缺乏精通历法的人。虽然吴明炫熟习回回历，但正因为回回历本身也存在诸多问题，因此才会被西洋历法所取代。杨光先主持下的钦天监本就根基不稳，很快问题便暴露出来。

　　康熙七年（1668），杨光先进呈了翌年的历书《七政民历》，提议在十二月加闰一次，由于一年两闰之事亘古未有，因此，很快朝廷之中便为历书中是否应该再闰一事引发了争论。由于当时朝中并没有其他知历者，当时已经亲政的康熙皇帝便下令派大学士多诺等四人携带历书，前去征求南怀仁的意见。

　　南怀仁虽然在"历狱"中被捕，但最终并未被逐出北京，而是留在京城闭门自修。面对杨光先提出的历书，南怀仁指出了其中的诸多谬误，并陈述了其中的缘由根据，称其"熟于数之算而不明于数之理，则良法混于弊法，颠倒其用，至一年多加一闰月，此前代未所闻也"。此外，南怀仁还建议用测验的方法验证"历法合天与否"，由于历法关系国家要务，于是，康熙皇帝采纳了南怀仁的建议，宣南怀仁、杨光先等人进宫，令二人于观象台测验日影，"将今日正午时，表影长短尺寸，预先推定写明，至期公同测验，合与不合，以定是非"。

在测验过程中，杨光先、吴明烜反复推诿称不能预先推定日影，但南怀仁却在从二十四到二十六日连续三天之中，以其熟练的操作准确地推测出了日影，"正午日影正合所画之界"。在测验分出胜负之后，康熙下旨命南怀仁验查杨光先等所制历书，将其差错之处一一列出，上报礼部。而杨光先见测验失败，又再次搬出"华夷之防"进行辩驳，称其所制之历法乃尧舜相传之历法，而康熙的帝位也是尧舜相传之位，而"今南怀仁，天主教之人也，焉有法尧舜之圣君，而法天主教之法也？"但康熙皇帝并没有以此作为判断依据，依然坚持以实践来判定是非。并且，认为杨光先在判决出来之前便一直坚称西法不可用，这违背了他此前提出的"勿怀夙仇，各执己见，以己为是，以彼为非"的旨意，因此"殊为可恶"。

次年，康熙皇帝又命硕亲王带领二十名"测验大臣"赴观象台，测验立春、雨水、太阴、火星、木星等项，以定"谁人合天象，不合天象"。经过了数日测验，上述各项结果皆与吴明烜所推度界限不合，而"南怀仁测验，与伊所指仪器，逐款皆符"。于是，硕亲王等人上疏提议，应推行南怀仁之法，并将"一应历日交与南怀仁"。同时建议将杨光先革职，交与刑部治其诬陷之罪，并建议"从重议罪"。康熙皇帝同意将其革职，但念在其已年迈，下令从宽处理，将其遣回原籍。杨光先最终在归家途中客死山东。

康熙亲政之后，一直都想扳倒此前执掌实权的鳌拜集团。康熙八年（1669）五月，鳌拜被康熙皇帝设计擒拿。此后，康熙皇帝钦定了鳌拜等人的十二条罪状。鳌拜集团曾是杨光先发动"历狱"的最大支撑，而该集团的倒台，掀起了一股平反浪潮。七月，利类思、安文思与南怀仁一同上奏，希望朝廷为在历狱中受到诬告的汤若望与天主教会平反。经众位朝臣商议，推翻了杨光先此前指控的汤若望等人谋反等所有罪名。最终，康熙皇帝不仅恢复了汤若望受顺治皇帝所赐"通微教师"（原为"通玄教师"，因避讳而改），归还了顺治皇帝所赐墓地，还赐银五百余两，以修建汤若望的坟墓及墓碑。康熙九年（1670），康熙皇帝专门派遣特使在汤若望的墓地为其举办了隆重的葬礼，并宣读了皇帝亲笔撰写的祭文：

　　皇帝谕旨原通政使司通政使，加二级又加一级，掌钦天监印务事，故汤若望之灵曰：鞠躬尽瘁，臣子之芳踪；恤死报勤，国家之盛典。尔汤若望，来自西域，晓习天文，特畀象历之司。爰锡（赐）"通微教师"之号。遽尔去逝，朕用悼焉。特加恩恤，遣官致祭。呜呼！聿垂不朽之荣，庶享匪躬之报。尔如有知，尚克钦享。康熙八年十一月十六日。

杨光先等人被革职后，南怀仁被康熙授以钦天监监副一职。南怀仁两次上疏请辞，称"臣弃家九万里，惟淡泊修身为务，一切世荣久以谢绝；况受禄服官，非所克任"。康熙皇帝准许了他的请求，但仍以监副给奉，并下旨："历法天文，既系南怀仁料理，其钦天监监正员缺，不必补授。"

南怀仁（摄于土山湾博物馆）

因此，实际上钦天监的工作被交由南怀仁全权主持。

虽然汤若望得到了平反，南怀仁也获得了历局的领导权，但是禁教的命令并没有取消，只是允许南怀仁等人照常自行。于是，南怀仁等传教士只得将精力先集中在北京的教务上，并对北京的南堂与东堂进行了大规模的修葺。康熙十年（1671），此前被逐去广东的传教士们，也获准返回本堂，并使其中通晓历法者赴京协助南怀仁修历。不过，被逐期间，包括主要负责上海教务的潘国光在内，共有六位传教士在广州去世。传教士被准许回堂时，潘国光的遗体也被送回了上海下葬。虽然"历狱"对全国的教务发展造成了不小的阻碍，但是通过几十年的努力，在华耶稣会士们通过培养中国修士、建立管理信徒的集会等方式，已在各地积累了一定的信仰基础，因此，即使在他们被逐广东之时，内地的教务也并没有中断。虽然直到康熙三十一年（1692），康熙皇帝才正式恢复传教自由，但自传教士们回到各堂之后，各地的教务便已经开始慢慢恢复。

虽然两次教案的发起者与其背后的利益纠葛各不相同，但从本质上讲，"南京教案"与杨光先发动的"历狱"颇为相似。除了这两次教案皆导致传教士被逐，天主教被禁之外，发难者都是以"华夷之防"作为其最核心的反教理由。沈潅在《参远夷疏》中提道："猥云远夷慕义，而引翼之，崇奖之，俾生气羽毛，贻将来莫大之祸乎？"而杨光先也称："我朝因明之待西洋如此，习以为常，不察伏戎于莽，万一窃发，百余年后将有知予言之不得已者。"可见，归根结底，沈、杨等反天主教一派都将传教士们视为隐患，担心这些不知根底的陌生西洋人一旦势力壮大之后，会对中国不利。而这两次教难之所以能发动成功，除了有其背后政治势力的支持外，也表明了上述观点曾在士大夫阶层得到了一定程度的认同。毕竟，随着各地信徒人数的不断增加，天主教势力逐渐庞大，加诸在新任在华耶稣会会长龙华民的引导下，传教方式日趋张扬，天主教与中国传统文化间的隔阂日渐扩大，使得越来越多的中国文人开始认为西方传教士的存在是一个不安定因素。

另外，杨光先还在《辟邪论》中厉言控诉传教士的目的并不在于向中国贡献其天算之学，而是以天算为手段骗取信任，最终达到传教的"奸谋"。虽然措辞激烈刺耳，但也道出了传教士东来的真正目的。如前所述，不论是天文历法，还是大炮火器，或是其他西方科学技术，都只是耶稣会士们用来打开传教道路的工具，而绝非目的。事实上，像汤若望这样负责钦天监的主持工作，积极参与朝廷事务的传教士，反而会

北京东堂

受到耶稣会内一些保守人士的非难与攻击。例如之前提到的利类思和安文思就曾指责汤若望贪恋官位，整日与皇帝和王公大臣打交道，无暇顾及教务。毕竟在他们看来，传教才是传教士唯一的任务，绝不能本末倒置。

以礼仪、服饰、思想道德等文化标准为依据区分辨别华夏与蛮夷的"华夷观"自先秦时期起便已成形，尤其在文人阶层的心中早已根深蒂固。因此，常与文人士大夫交往的利玛窦在了解到中国这一独特的国情之后，制定了"文化适应"策略作为主要传教方针。在服饰、伦理道德、礼仪习俗等各方面努力靠近传统的儒家文化，为的就是不被看作为"西夷"，而是建立"西儒"形象。利玛窦希望以此博得中国文人的认同与好感，减少来自政府的敌意，不被当作防范的对象，从而保证传教事业的平稳、安全进行。然而，这些做法，尤其是允许中国信徒祭祖等行为，在新任会长龙华民以及其他反对派人士看来，则是触及了天主教的根本。随着传教方法的改变，传统中国文化与天主教之间的冲突与矛盾日益凸显，利玛窦苦心经营起的天儒平衡开始崩塌，而由此引发的不仅仅是本章之中提到的这些反对天主教的教案，一场改变中国天主教传教命运的礼仪之争一触即发。

第七章

礼仪之争可谓是中国天主教史，乃至中西文化交流史上极为重要的历史事件之一。它不仅改变了传教士们在中国的命运，也改变了中国与罗马教廷的关系，其影响甚至延续至今日。一般而言，礼仪之争主要围绕着"天主"的译名以及敬孔祭祖的传统仪式这两个方面展开。这是一场由文化冲突产生的争论，中西双方的出发点都是试图维护各自宗教文化传统的纯洁和纯粹。

礼仪之争与禁教谕令

礼仪之争爆发前的教务发展

在华天主教经历了明末时期的积累，进入清朝时，据统计全国信徒人数已达 15 万之多。入清之后，以汤若望为代表的耶稣会士又受到顺治皇帝的礼遇。纵观顺治一朝，既未发生过禁教行动，也无大规模反天主教运动的爆发。在良好的传教环境下，各地教务均得以顺利发展。

北京西堂

这一点从杨光先攻击天主教的奏疏中也可看出。杨光先在文中控诉传教士"布邪党于济南、淮安、扬州、镇江、江宁、苏州、常熟、上海、杭州、金华、兰溪、福州、建宁、延平、汀州、南昌、建昌、赣州、广州、桂林、重庆、保宁、武昌、西安、太原、绛州、开封并京师共三十堂"。杨光先作为反教人士，虽然粗略地了解过天主教在各地的分布，但对其具体发展应该并不熟悉，也未必进行过系统统计，因此上述数据并不完全可靠。然而，当时在华天主教的发展规模由此可见一斑。有学者统计，从顺治末年到康熙初，天主教在全国 13 个省的四十余座城市及邻近村镇都设立了天主堂，信徒总体人数已经超过 20 万。

康熙三年，杨光先发起"历狱"，传教士们被逐至广东。这次教案虽然对天主教的发展造成了沉重打击，但并未阻止天主教在民间的传播。根据耶稣会教务报告，康熙六年，耶稣会发展的教徒人数达到 25 万余人，到康熙九年，全国教会所属的信徒则已有 27 万余人。

康熙皇帝在为汤若望等在"历狱"中受到攻击的传教士们平反之后，没有立即撤销禁止天主教传教的禁令，正式恢复传教士们自由传教的权利，但这并没有阻碍其个人与传教士的交往，事实上，以南怀仁为代表的一批传教士得到了康熙皇帝极大的器重与尊敬。

如前所述，杨光先被革职之后，钦天监的工作实际上便交由南怀仁主持。南怀仁就职之后便建议取消此前杨光先一派编修的《七政民历》中设定的闰十二月，并得到了康熙皇帝的支持。之后，他又主持重建北京观象台，带领钦天监的历官们一起制造了包括天球仪、赤道经纬仪、象限仪等在内的六种新的天文仪器。为了帮助中国的历官熟悉这些仪器的使用方法，南怀仁还撰写了《灵台仪象志》一书。此外，南怀仁还与钦天监众历官一起，以汤若望等人编修的《二百年历表》为基础，编纂了一部《康熙永年历法》。

除了在历局的本职工作之外，南怀仁还被授命参与了疏通京郊万泉庄河道等水利工程，负责修理、制造火炮。据称，南怀仁前后一共铸造火炮 130 门，还撰写了介绍火炮制造和使用

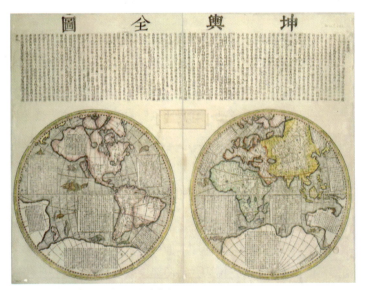

《坤舆全图》（法国巴黎国立图书馆藏）

方法的《神威图书》，为清廷平定三藩提供了武器上的支援。此外，南怀仁还在中国与俄罗斯、荷兰等国的外交事务中担任翻译。在地理方面，南怀仁刊刻了绘有东西两个半球的世界地图 ——《坤舆全图》，并撰写了介绍海外诸国风土、物产的《坤舆图说》二卷。据说，南怀仁还曾发明了蒸汽动力的自行车模型及一艘小汽船。

南怀仁在上述诸领域所取得的成绩，再次让康熙皇帝对于传教士的博学多才刮目相看，并亲自向传教士求教，学习西学，尤其是自然科学，包括天文、数学，以及西医等。据记载，南怀仁曾连续五个月从早到晚给康熙皇帝讲授几何学和天文学，甚至还将《几何原本》翻译成了满文。

南怀仁逝世之后，康熙还常常召见留在京中的传教士徐日升（Thomas Pereira）、安多（Antoine Thomas）、白晋（Joachim Bouvet）和张诚（Gerbillon，Jean Franois）等，他们轮流进入养心殿，用满语向其讲解西学知识。根据方豪在《中国天主教史人物传》中的介绍，白晋对于当时的情形曾如此描述：

　　吾等出入宫禁，不需太监伴随；皇帝对吾等至为亲切；吾等之科学、习尚以及欧洲风土情形，均感兴趣。朝中官员对吾等之宠遇无不羡慕。

除了礼遇在京中的传教士，康熙皇帝还推行了一系列对天主教的保护和优待政策。在这种有利的环境下，各地的天主教得到了更加迅速的发展。以上海的教务发展情况为例：据广州流放结束后来到松江地区传教的刘迪我（Jacques Favre）在1673年的书信中介绍，两年来，松江地区新近奉教的人数达到四万多人，而其中有5000人是他亲自付洗的。另据费赖之记载，1682年，上海地区的教徒人数达到8万。此外，上海附近的崇明岛上的教务也得到了显著发展。传教士柏应理于1677年前往崇明岛开教，至1696年，岛上信徒人数已增至三千多人，分属9个堂口。

徐宗泽在《中国天主教传教史概论》中曾经统计过康熙四十年（1701），耶稣会在全国的发展规模。据统计，耶稣会在直隶、江南、山东、山西、陕西、河南、湖广、江西、浙江、福建、广东、广西总共建造住院70所、教堂214座，共有传教士59人。而近年有学者通过对比西方史料中的记载，指出徐宗泽的统计存在疏漏，当时耶稣会在中国所建造的教堂应该远超徐宗泽所提供的数据。可以说，从"历狱"平息到礼仪之争爆发之前，耶稣会在中国的发展迎来了一个新的盛况。

会内与会外的反对声音

本书第一章提到，耶稣会在早期日本传教的过程中曾借用佛教用语"大日如来"翻译天主教中的神——Deus 一词，从而引发了极大误解。译名问题一直都是在异国他乡传教的传教士们不得不谨慎面对的重要问题之一。

如前所述，"文化适应"与"上层路线"策略是利玛窦制定的早期在华耶稣会士的基本传教方针，而迎合儒家则是"文化适应"与"上层路线"方针的基本目的和表现。具体而言就是将天主教义附会儒家思想，表现出天主教与儒家之间并无龃龉，以此博得文人士大夫的好感，从而创造有利环境，拓宽传教道路。因此在译名问题上，利玛窦也迎合了儒家。他借用了先秦古籍中"上帝"和"天"的称呼，将其作为天主教中至高信仰的名称。这种做法得到了以"三大柱石"为代表的众多奉教士人们的支持。在他们的很多论教文集之中都能看到关于

"天儒合一"的概念。

但是在利玛窦去世之后，以新任会长龙华民为代表的一些耶稣会士开始对这种译法提出质疑。他们认为"上帝"和"天"在儒家经典中拥有自己特定的含义，并且在程朱理学之中更带有一定宗教意味，将其作为天主教中唯一神的译名则会使这一概念掺杂进别的含义，从而导致误解。在龙华民提出质疑之后，当时出任中国视察员巴范济曾就译名的问题咨询了徐光启等人的意见。徐光启自然赞成利玛窦的做法，因此维持了原定的译名。之后，龙华民又联合熊三拔一同上书日本一中国省会长，要求禁用这些带有歧义的译名。罗马为此组织了神学家小组进行研究，研究结果决定依然维持利玛窦的原定译名。

但是龙华民依然不肯放弃。在他的坚持下，1628年1月，召开了以探讨译名为中心的"嘉定会议"，由于南京教案才平息不久，因此耶稣会特地选择了较为僻静的嘉定作为举办会议的地点。嘉定是之前提到的徐光启的门人孙元化的故乡，也一度是耶稣会建立的住院之一。据记载，当时参加会议的共有11名耶稣会士。所有出席者在中国传教的时间都在15年以上。此外，徐光启、李之藻、杨廷筠、孙元化作为奉教士人的代表，也都列席会议。

据高龙鞶记载，每天参会者们都会相聚一个小时以上，探讨上述问题。主要围绕以下三个方面进行：第一，在中国典籍之中寻求意义吻合的名词。第二，推敲这些名词在日常谈话中所拥有的含义。第三，在利玛窦与诸位奉教士人的宗教书籍中寻求答案。龙华民坚持应该使用音译，而高一志等人则认为可以采纳中国书籍中已有的名词。会议历时一个月，但因双方各执己见，最终也未能达成共识。之后，会议的情况被传至时任中日两区教务观察员的帕尔梅罗（Andre Palmeiro）那里。帕尔梅罗审查了嘉定会议的报告后，决定采取一个折中的做法，即废除利玛窦时期所用、借用自儒家经典的"天"和"上帝"，但同时也不使用音译，保留了"天主"的称法。

除了译名问题，儒家的"祀孔祭祖"同样是分歧的所在。徐光启曾将利玛窦推行的"文化适应"策略的核心用四个字概括为"补儒易佛"，也就是说在早期耶稣会士面前，儒家与佛、道教等其他宗教是被区别对待的，这一点同样表现在对于宗教活动的认定上。在耶稣会士看来，道教、佛教的一切祭拜活动都是"迷信"或者"崇拜偶像"，但是儒家的"祀孔祭祖"则被理解为非宗教性的家族宗法活动，是一种向先圣先师以及本族祖先表达敬意的文化习惯，龙华民同样不赞成这种迎合儒家的做法。嘉定会议上对此问题也进行了探讨，但结果是依然允许中国信徒进行祀孔祭祖。

关于译名和祭祀问题的争论，并未仅限于耶稣会的内部，在华耶稣会的这种特殊做法还受到了其他修会的质疑，而这种质疑的诞生，除了由于神学观念和传教态度上的不同之外，还与修会之间的相互竞争有着直接关系。17 世纪 30 年代之前，在中国传教的天主教团基本只有耶稣会一家。这是因为，应葡萄牙政府于 1585 年提出的要求，教皇格列高利十三世（Pope Gregory XIII）同意将在中国和日本传教的最高权力归入葡萄牙的保教权。由此，在很长一段时间内，耶稣会几乎垄断了在中国的传教。然而 1600 年为了打破这种垄断，教皇克雷芒八世（Clement VIII）发布诏令，允许其他修会进入中国。于是，自 1631 年起，由西班牙控制、原本在马尼拉传教的多明我会和方济各会传教士也先后进入中国。多明我会与方济各会均属托钵修会，在修会宗旨和传教观念上皆与耶稣会不同。例如在生活上，托钵修会认为应该坚守清贫的誓言，而不是像耶稣会这样穿着华衣，与达官贵人们交往应酬；在传教对象上，托钵修会认为穷人更接近基督教，因此也不赞成耶稣会的上层路线。

虽然同样怀着传教目的，但由于观念上的差异以及利益上的纠葛，这些修会进入中国之后，并没有受到作为传教先驱的耶稣会的热情接待，相反还受到了抵制。一方面是由于属于葡萄牙系统的耶稣会并不愿意出现竞争对手，打破他们在中国教务上的垄断。据说，耶稣会远东视察员范礼安就曾多次向教皇建议禁止耶稣会以外的其他修会进入中国和日本；另一方面，这些修会的传教风格原本就趋于保守，加诸此前一直在马尼拉传教，虽然接触过当地的华人，但对传统中国文化和中国的国情并无深刻的理解与认识。这些修会进入中国之后，又首先从宗教、迷信活动兴盛的福建地区开始传教，更使这些传教士对中国的传统文化习俗有了先入为主的抵触情绪。新来到中国的这些修会不愿意服从在华耶稣会制定的传教规则，认为这是对中国礼仪的迁就，开始向教会提出质疑。

　　除此之外，为了从葡萄牙以及各个修会手中收回处理海外宗教事务的权力，1622 年罗马教廷成立传信部（Propaganda）以直接领导所有传教区。1659 年，传信部设立宗座代牧制，委派直属圣部的主教，以教宗代权名义，代牧传教区事宜，由此来抵消葡萄牙所享有的保教权。不仅如此，为了削弱葡萄牙和西班牙两国在海外势力的影响，罗马教廷又于 1663 年在巴黎成立了巴黎方外传教会（Foreign Mission），由此法国也开始介入了海外传教势力的争夺。1687 年，由巴黎外方传教会的颜铛（Charles Maigrot）出任福建宗座代牧，对利玛窦的做法进行了激烈的反对，并向其代牧教区的信徒们发出指示，要求他们不得进行任何与祭祖祀孔有关的活动，使得因为礼仪之争引发的矛盾日益走向白热化。

争论正式爆发

　　"礼仪之争"正式爆发首先从福建开始。1633年，在华方济各会的会长、西班牙籍传教士李安堂（Antonius a Santa Maria Caballero）从马尼拉出发，经由台湾，进入了福建福安县。身为神学家的李安堂一贯对天主教礼仪秉持着传统的保守态度。而主持福建地区教务的耶稣会传教士艾儒略却是利玛窦"文化适应"策略坚定的贯彻者。由于艾儒略知识渊博，中文水平高超，并在传教时注重使用适合中国文化传统的方法，因而被教内外人士称为"西来孔子"，并被誉为"德最盛、才最全、功最高，化民成俗最微妙有方者"，在传教过程中，艾儒略允许教徒们进入祠堂、孔庙参加祭祀活动。

　　但这些做法在方济各会士李安堂看来是绝对不能容忍的。为此，李安堂曾专门赶赴南昌与当时的耶稣会副会长阳玛诺讨论该问题，之后又前往南京，继续与人辩论。李安堂这种试图打破传统的做法不仅得不到耶稣会的支持，还受到了中国信徒们的抵制。据说，南京的天主教徒们认为李安堂多事，竟然将其软禁了 6 个星期。受到了冷遇的李安堂打算联合多明我会一同抗议。李安堂找到了同样在福建传教的在华多明我会会长黎玉范（JuanBaptista de Morales），在耶稣会副会长傅汎际（Francois Furtado）来福建时，三会会长与作为中国文化专家的艾儒略一起就礼仪问题进行了为期三天的长谈。三方分为两派，各执己见，并未达成共识。会后，方济各会与多明我会又分别于 1635 年和 1636 年在福州两次联合召开调查法庭，传唤中国信徒回答与"礼仪之争"相关的问题，以此判断中国是否将孔子和祖先视为超自然力量来崇拜。然而，由于被传唤的信徒均为方济各会和多明我会所劝化的教徒，因此在对待这些问题上存在着先入为主的主观性，所以调查结果自然对耶稣会不利。

调查结果出来之后，李安堂将报告提交至马尼拉总主教处。总主教原本想在当地解决问题，因此组织了神学家和法学家一起合议，但却招致耶稣会的反对，认为这些并不了解中国国情的专家没有资格做出论断。于是，马尼拉主教只得将问题上交至罗马。最后，黎玉范带着针对中国礼仪问题的十七条控诉，前往罗马，上交给了传信部。在控诉中，黎玉范将中国人的祭祀行为描述为带有浓重偶像崇拜性质的迷信活动。因此 1645 年，罗马教廷的宗教裁判所支持了黎玉范提出的所有控诉，做出了有利于方济各会与多明我会的决定，认为信徒不应该以任何形式参与祭祖或祀孔有关的活动。

教廷的神谕于 1650 年被送至中国。在华耶稣会立刻派遣传教士卫匡国（Matin Martini）带着其会提出的四条意见专程前往欧洲向罗马教廷提出申诉。卫匡国在申辩时将中国人的祭祀解释为只是一种社会性的礼节，并非宗教迷信，强调了宗教性礼仪与世俗性、政治性礼仪之间的区别，以及托钵修会对中国文化理解得不透彻。根据这种解释，教皇亚历山大七世于 1656 年做出了对耶稣会有利的判决，允许中国信徒参加祭祖祀孔活动。之前 1645 年罗马宗教裁判所的决定被认为是关于"中国礼仪之争"的一号文件，而此次教皇亚历山大七世的判决被认为是二号文件，这两份文件看似反映出教廷对待礼仪问题的摇摆态度。但事实上，两份敕令并不矛盾，只是黎玉范与卫匡国对于中国礼仪的描述不同，而罗马教廷并不了解中国人祭祖祀孔的真实状态，所以谁对中国礼仪的描述正确，就适用于相应的敕令。1659 年教廷传信部又发出了一道要求首批宗座代牧灵活对待中国习俗的指示。至此，在礼仪之争的问题上，面对托钵修会的攻击，耶稣会看似取得了阶段性胜利。

然而，当卫匡国回到中国将罗马教廷的敕令告知李安堂后，这位方济各会士并不愿意就此放弃。他发现在耶稣会内部也并不都是支持利玛窦规矩的传教士，也了解到龙华民一派曾经也对礼仪问题提出过质疑，甚至还看到了当初龙华民留下的反对中国礼仪的相关文件，于是打算继续发难。杨光先教难期间，为了总结中国传教事业近百年来的发展，在华多明我会、方济各会和耶稣会的总共 23 名会士在广州的耶稣会住院里召开了会议，史称"广州会议"。会议一共探讨了 42 个议题，其中第 41 个议题便是"中国礼仪"问题。李安堂争取到了龙华民一派的四位耶稣会士的支持，在会上积极攻击耶稣会的现行做法。不过或许是因为支持利玛窦规矩的耶稣会士依然占多数，因此会议的结论是必须服从教廷 1656 年敕令，在传教时对于中国礼仪问题继续维持现状。

虽然在会议决议上签了字，但是多明我会士闵明我（Domingo Fernandez Navarrete）的内心却并不认同这一做法。他于 1669 年逃离广州，回到欧洲，于 1676 年在马德里发表了《中华帝国的历史、政治、伦理和宗教概观》一书，攻击在华耶稣会对作为异端的中国礼仪的宽容态度，在欧洲引起了较大反响。

诺比利画像（**Alfred Hamy** 著 *Galerie illustrée de la Compagnie de Jésus* 插图）

事实上，由耶稣会的传教

方式所引发的关于礼仪问题的争论并不仅仅存在于中国，印度也有自己的"礼仪之争"。1605 年，耶稣会士诺比利（Roberto de Nobili）从果阿进入印度内地进行传教。在传教过程中，诺比利同样采用了文化适应与上层路线的方式，迎合种姓制度中地位高贵的婆罗门文化，身穿婆罗门的服装，借用印度哲学的语言讲道，同时允许当地信徒在一定程度上保留当地的传统礼仪。这种传教方式很快在当地获得了良好效果，信徒人数有了明显增加，但同样也受到了来自教会内部的指责，被认为是偏离了天主教的正统。最终，果阿的主教将此问题上报至了罗马教廷。

矛盾的激化与铎罗使团的来访

耶稣会面临的阻碍并不仅仅来自托钵修会的攻击，还有上文提到的宗座代牧制与巴黎外方传教会。由于外方传教会进入中国是传信部削弱耶稣会的海外特权以及保教权影响的具体表现，而且外方传教会的成员常常出任宗教代牧，自然引发了耶稣会的不满。此外，耶稣会对于插足远东传教事务的法国本身也心怀怨恨，因为法国曾于1700年建立了听命于法王的法国在华耶稣会士传教区。在颜珰担任宗座代牧主教时期，双方的矛盾终于爆发。

颜珰于1684年随传信部任命的中国教务总理、巴黎外方传教会的创始人之一的陆方济（Francois Pallu）一起来华。之后被陆方济任命为浙、赣、闽、湘署理代牧，后又兼任全国教务副总理。在礼仪问题上，颜珰很不赞同耶稣会的做法，并于1693年下令在其教区严禁教徒举行中国礼仪。之后甚至还要求将各堂悬挂的仿制康熙皇帝下赐给汤若望的"敬天"牌匾摘去。此举引发了耶稣会强烈反抗。

北京北堂

颜珰的这种强硬的态度还与其当时并不稳固的宗教代牧位置有一定关系。与陆方济一起来华处理中国教务的除了颜珰，还有伊大仁（Bernardino Della Chiesa），他们一起协助陆方济襄理事务。在陆方济去世之后，伊大仁拒不承认陆方济对颜珰的任命，因此围绕宗教管辖权问题与颜珰一直争执不休。与颜珰不同，伊大仁比较重视维护教会内部的和谐，因此面对传教方式，以及向宗座代牧宣誓的问题上态度比较灵活。然而，为了彰显自己的地位与权威性，颜珰一直坚持自己的态度。

不过在中国国内耶稣会势力强大，颜珰即便摆出其宗教代牧的身份和强硬的态度，也很难做到真正服众，获得理想的效果。于是他选择采取迂回的方法，派了自己在罗马的代表去找巴黎的红衣主教，巴黎大学的神学院召开关于讨论中国礼仪的讨论。1700 年，经过 30 次讨论，巴黎大学神学院最终将中国礼仪定性为异端，认为应该禁行。教皇虽然并没有立即赞同这一判断，但也开始加以重视。

另一方面，面对来自教内各方的压力，耶稣会想出了一个对策。同年，耶稣会士张诚、徐日升等请求康熙皇帝，做出了一份关于祭祖祀孔只是向先人和先贤致敬的方式，并非宗教迷信的批示。耶稣会士们在奏疏中称：

> 拜孔子，敬其为人师范，并非祈福佑、聪明、爵禄而拜也。祭祀祖先，出于爱亲之义，依儒礼亦无求佑之说，惟尽孝思之念而已……至于效天之礼典，非祭苍苍有形之天，乃祭天地万物根源主宰。

同时，还特意提到了御赐匾额一事，称"前蒙皇上所赐匾额，御书敬天二字，正是此意"。对此，康熙御批："这所写甚好，有合大道。敬天及事君亲、敬师长者，系天下通义，这就是无可改处。"

对于教内日趋白热化的"礼仪"之争，罗马教廷于 1701 年宣布派遣使团前往东方进行调查，该使团由意大利籍的铎罗主教（Maillard de Tournon）带领。虽然铎罗曾经在耶稣会的学校中受过教育，但为了表明其既不偏袒葡萄牙支持的耶稣会，也不偏向西班牙支持的多明我会，铎罗特意请法国国王派船供其使用。然而此举让在中国享有保教权的葡萄牙从一开始便对铎罗产生了不满。

铎罗的第一站并不是中国而是印度，也就是为了解决之前提到的印度"礼仪之争"。1703 年，铎罗使团到达印度南部附近的港口城市本地治里（Pondichery），然后开始了为期半年多的调查。最终，铎罗做出了认为应该禁止耶稣会迎合婆罗门礼仪的判断。这一决定已经让人可以隐约感受到铎罗与罗马教廷在对待东方礼仪上的保守态度。

在处理完印度的"礼仪之争"后，铎罗使团便启程向中国出发，于 1705 年 4 月到达广州。由于铎罗在教中的地位较高，是罗马教廷派遣的特使，又从耶稣会士那里得知其来访的主要目的之一是为了解决"礼仪之争"，所以康熙在听闻其来华一事之后，给予了很高待遇，特地嘱咐广东督抚和两广总督加以款待，还拨给船夫，派人照顾，并请使团从速入京。可见，对于铎罗使团的来访，康熙最初是持欢迎态度的。

1705 年 12 月，铎罗使团进入北京，住在了法国耶稣会士所建的北堂。当月的 31 日，铎罗第一次觐见康熙皇帝。当时铎罗抱病在身，康熙特地派人用肩舆迎其入宫，会见时还免其跪拜，并且赐座，亲执金樽赐酒，并赐筵席，礼遇规格极高。康熙很清楚铎罗此行的目的，因此在接见时曾明确询问罗马教廷是否已经收到他此前有关祭祖祀孔的御批，但铎罗并未做出

教皇克莱芒十一世画像

明确回答。不过整个会面的气氛仍算比较融洽，之后还命白晋等人作为使节携带礼物前往罗马表达谢意。据德国耶稣会士纪理安（Kilian Stumpf）记载："康熙接见教宗特使的盛仪和欢洽，是中国历史上君主接见使节时所未曾有的。"据称这次正式接见之后，康熙还曾与铎罗进行了数次非正式会晤。之后的半年里，铎罗一直以抱病为由，不愿见康熙，但康熙也一直表现出体恤与宽容的态度。

然而 1706 年 6 月，在康熙第二次会见铎罗时，气氛就已经开始变得紧张起来，双方之间的对立与矛盾开始凸显。其中最重要的原因之一便是铎罗在会面前获悉了罗马教廷于 1704 年 11 月做出的关于中国礼仪的禁止决议，由此进一步坚定了教廷推行禁令的决心。这是教皇克莱芒十一世对于中国"礼仪之争"问题的第一次正式表态。由此，开始了罗马教皇与康熙皇帝围绕礼仪问题展开的长达 15 年的对峙。

教皇克莱芒十一世敕令

教皇克莱芒十一世 1704 年的决议正式将中国礼仪裁定为一种异端的宗教活动。教皇命令铎罗等人将此决议带去东方，要求他和大主教、各地主教，以及那些已经在当地或者即将去当地传教的传教士仔细阅读这份决议。必须让各个修会的传教士共同遵守，不论其属于哪一个修会，即使是耶稣会。要求传教士们保证自己所辖地区的所有基督徒全都遵守决议，若不守此令，则将被革除教籍。

虽然铎罗在收到这一消息之后，依然未向康熙皇帝表明罗马教廷的态度，但对于铎罗在礼仪问题上的态度，其实康熙早有察觉。在铎罗使团刚刚抵京后不久，铎罗便与随团医生一同患病。当时，康熙获悉之后还赏赐了药物，并派遣医师为其治疗。然而，随团医生病重不治，不久便在京去世。耶稣会很清楚铎罗不会在葬礼中融入中国礼仪元素，因此建议在该会的传教士墓地 —— 滕公栅栏秘密举行，以避免这种纯西式的葬仪向社会公开，但铎罗并不同意。康熙得知此事后，主动特赐了一块墓地，然而其用意是暗中观察铎罗一行对待中国礼仪的态度，结果自然是"殡礼不合中国葬礼，与耶稣会所习行者不同"，虽然康熙对铎罗的态度有所了解，但在第二次会面之前康熙一直都保持着宽容与耐心，希望铎罗在深入认识中国文化之后能够改变态度，同时通过对其提供高规格的礼遇，进行怀柔。然而铎罗却一直不愿表态，于是在第二次会面时，康熙明确地请铎罗转达教化王（即罗马教皇）他的意见：首先，中国人两千多年来一直奉行孔孟之道，对于传统礼仪的传承是不会改变的；其次，中国礼仪并无违背天主教教理之处，如果教皇执意要在中国禁止祭祖祀孔，则西洋传教士将很难留在中国传教。次日，康熙又邀请铎罗同游畅春园，铎罗向康熙表示自己不具备中文语言能力，因此无法回答康熙的问题，但会请一位来自福建、通晓中国问题的主教代替自己解答，也就是之前提到的颜珰。

然而，虽然颜珰入华已有二十年之久，但其中文水平远不如康熙皇帝平日里接触的耶稣会士，对中国文化的认识也非常有限。1706 年 7 月，康熙命其就天主教与儒教之间的异同撰文阐述，颜珰便请他带来的随从为其代笔。但此随从从小在天主教堂由西洋传教士抚养长大，并不熟悉孔孟之道，甚至识字都很有限，所作之文语句粗陋，见识浅薄，令康熙阅览之后勃然大怒。1706 年 8 月，康熙又在热河召见颜珰，考察其对儒家经典四书五经的熟识程度。结果却发现颜珰非但不具备解读儒家经典的能力，连对汉字的认读能力都非常有限，对于康熙关于天儒区别的问题也难以应对。面对如此情形，康熙做出御批，称颜珰"愚不识字，擅敢妄论中国之道"。

颜珰给康熙留下的恶劣印象，直接影响到了康熙对铎罗使团的态度。在热河召见颜珰后不久，康熙便对铎罗一行下了逐客令。御批首先毫不客气地质疑了铎罗的身份，称"尔自称教化王所遣之臣，又无教化王表文。或系教化王所遣，抑或冒充"，因此决定"嗣后不但教化王所遣之人，即使来中国修道之人，俱止于边境，地方官查问明白，方准入境"。最后还表达了清廷对来华传教士的管理权：

> 我等本以为教化王谅能调和统辖尔等教徒，原来不能管理。尔等西洋之人，如来我中国，即为我人也。若尔等不能管束，则我等管束何难之有。

铎罗接到康熙谕旨之后，自觉不便多留，在请准离京之后便很快南下了。

不久，康熙就开始践行他在谕旨中提到的对西洋人的"管束"。1706 年 12 月，康熙召见了在北京的耶稣会士，下旨令其领取印票，若不领票则不得留在中国。然而，面对康熙颁布的这一领票制度，铎罗并不愿意接受。他于1707年1月25日在南京向所有在华传教士发出公函，传达了罗马教廷关于禁止中国信徒举行祭祖祀孔礼仪的决定，要求在华各修会无条件执行1704年决议，否则将被革除教籍。公函下达之后，在华的巴黎外方传教会、多明我会、方济各会的大多数传教士都表示愿意服从禁令，拒绝领取印票，最后离开中国。面对不服"管束"的铎罗，康熙下令将其押送至广州，并让白晋等人将原定赠送给教廷的礼物带回，同时传旨让铎罗不必回西洋，暂且留在澳门。最终，铎罗于1710年在澳门病逝。

然而，康熙的这种对抗性的做法，激怒了罗马教廷，使双方的矛盾彻底爆发。教皇克莱芒十一世先是在1710年9月再次发布通谕，重申1704年的决议，同时肯定了铎罗在南京下达的公函。1715年3月，教皇克莱芒十一世再次发布了关于中国礼仪的严格禁令，也就是著名的《自那一天》（又被称为《自登基之日起》，Ex illa die）。该敕令再度重申了1704年决议中的要求，严格禁止基督徒举行祭祖祀孔等中国礼仪，并要求世界各地所有关于中国礼仪的争论都按此规定彻底结束。此外，为了深化该禁令的执行，教皇还要求所有在中国传教的传教士以及此后要访问中国的人员签署一份誓言，宣誓自己完全理解这一关于中国礼仪的禁令，并且将彻底无误地遵守此禁令。若拒绝宣誓则不能在中国担任聆听忏悔、布道或者主持祭祀等各种神职工作。该举措被认为很有可能是针对康熙要求传教士领票具结一事。

康熙禁令

从康熙皇帝在杨光先教案中为汤若望的平冤昭雪，到他在与罗马教廷围绕中国礼仪问题展开的对峙中的各种表现，可以清楚地看出对于西洋传教士，康熙一直采取的都是一种相对宽容的态度。这首先与康熙皇帝对西学的兴趣有关。天文学是西学之中康熙最感兴趣，也是最为重视的学科之一。在杨光先教案中，西洋新法一派与传统历法一派之间的几次"测验"让西洋新法的先进性凸显出来，也引起了康熙的兴趣。教案过后，康熙不仅下旨令钦天监"勤习西法"，还亲自学习使用望远镜、四分象限仪、日晷等天文仪器，并经常在朝臣面前演示测量或是对天文现象的观测。而钦天监的监理也一直被交由耶稣会士负责。在学习西洋数学上，康熙也非常用心。据记载，康熙皇帝曾使南怀仁、白晋、张诚等耶稣会士先后入宫，教授其欧几里得原理、实用几何学。除此之外，对于西医学，尤其是人体解剖学、疾病学，地理学，甚至西洋文字等，康熙也均有一定研究。康熙自身喜爱西学，也欣赏传教士的才能，因此与传教士们交往频繁，也常常委以重任。因此康熙年间是我国历史上中西文化交流的一个黄金时期。《清史稿·畴人传》中总结道："泰西新法，晚明始入中国，至清而中、西荟萃，遂集大成。"

由于以耶稣会士为代表的西洋传教士给康熙留下了博学多才的良好印象，因此康熙对于天主教在中国的发展也一直比较宽容，允许其在中国传播教义、建立教堂、发展信徒。并且，其自身也对天主教理有一定了解，并曾为天主教作诗，甚至还因此被怀疑实际上笃信天主教。不过实际上，虽然康熙与西洋传教士交往甚密，但他依然只是把天主教看作是一个有利于其统治的工具，重用传教士也不过是希望使其才能可以为己所用而已。康熙在下令让铎罗留在澳门时，同时要求"有新到西洋人，无学问只能传教者，暂留广东，不必往别省去，许他去的时节，另有旨意。若西洋人内有技艺巧思或系内外科大夫者，急速着督抚差家人送来"。由此可见，康熙将传教士分为两种，即并无西学才能只懂布道的传教士，以及既懂布道又拥有西学造诣的传教士。在康熙帝眼中，中国欢迎的仅仅是后者而已。他所需要的是能够凭借自己的能力为朝廷做出实际贡献的西洋人。

除了希望传教士身负的西学才能和技艺能够为国所用之外，康熙皇帝更看重他们是否"守规矩"。这规矩指的既是

"利玛窦规矩"，也是其自己定的规矩。虽然身为满族，但在入关之后，清朝统治者在主体上依然是以儒家思想作为国之正统，也常常举办国家层面的祭天祭祖礼仪，重视礼制。而康熙皇帝则被认为是清朝皇帝之中最认真履行这种礼仪的。因此，康熙皇帝自然不愿意看到西洋传教士破坏中国的传统，挑战正统权威。在华耶稣会自利玛窦以来坚持的与儒家思想相融合的"文化适应"策略，允许信徒举行传统礼仪的做法，深得康熙的认可。所以，"礼仪之争"爆发之后，康熙自始至终一直坚定地支持着耶稣会，这一点首先从上文提到的康熙对耶稣会就"中国礼仪之争"所做的御批便可看出。并且，康熙皇帝在接见铎罗使团时，也曾几次三番在会见中向铎罗强调，自利玛窦以来，西洋传教士之所以能够经常受到皇帝的保护，便是在于其遵守了中国的法律与礼俗。同时告诫铎罗，若不允许信徒遵循传统礼法，那么西洋人在中国就很难有容身之地。不过，虽然劝诫之中带有警告之意，但总而言之，至此为止康熙依然是希望通过解释劝说的方式，让罗马教廷明白传统礼法对于中国人的重要性，最终使其改变态度，推行"利玛窦规矩"。然而，铎罗和颜珰的表现最终让康熙意识到仅仅通过解释劝说是解决不了问题的，于是他开始制定自己的规矩 —— 领票制度。

领票制度事实上是一项将西洋传教士变为由清廷管理的举措。该制度要求"票上写西洋某国人，年若干，在某会，来

中国若干年，永不复回西洋，已经来京朝觐陛下"，也就是将
对传教士的管理权归为己有，让传教士为中国皇帝、为朝廷效
忠。在铎罗于南京发表公函之后，康熙在南巡时主动召见当地
的耶稣会士，又再度下旨，重申领票制度，并称"自今以后，
若不遵利玛窦规矩，断不准在中国住，必逐回去"，但"你们
领过票的就如中国人一样，尔等放心，不要害怕领票"，同时
还表示，如果罗马教廷发难，则将不惜以极端的方式——"将
中国所有西洋人都查出来，尽行将头带与西洋去"与其抗争，
以显示其强硬的态度。领票制度颁布之后，大部分耶稣会传教
士和一部分方济各会士及奥古斯丁会士领取了印票，而以巴黎
外方传教会为代表的不愿领取印票、不肯容忍中国礼仪的传教
士则被驱逐出境，赶至澳门。

　　然而，1715 年罗马教皇下达了《自那一天》敕令，并派亚
历山大城总主教嘉乐（Carlo Ambrogio Mezzabarba）带领使团
前往中国，传达这一谕令。1715 年 9 月，嘉乐使团到达澳门，
11 月抵达北京。作为罗马教廷的使者，嘉乐一行依然得到了
款待。不过当嘉乐表示此行的目的是希望皇帝允许罗马直接管
理所有传教士，以及让中国信徒放弃中国传统礼仪之后，康熙
皇帝当即表示"尔天主教在中国行不得，务必禁止"，嘉乐见
康熙态度坚决，便不敢直接公布教皇的敕令，只得与耶稣会暗
中谈判，最终拟定了"八项准许"，包括允许信徒在家中供奉

祖先牌位，但只许写名字，并在两边加上天主教相关教理，以及允许以非宗教式的方式祭祀亡人和孔子，等等。康熙皇帝在得知"八项准许"之后，表示可以谈判，并先后十三次接见嘉乐。然而1717年，在谈判进行至一半时，为了搞清楚罗马教廷的真实态度，康熙皇帝坚持让嘉乐交出教皇的谕旨，并自行找人翻译。在看到禁令的内容之后，康熙发现这么多年来罗马教皇的态度并无任何改变，于是终于失去了与罗马教廷继续周旋的耐心。据《康熙与罗马使节关系文书》中记载，当时康熙批阅道：

> 览此告示，只可说得西洋人等小人；如何言得中国之大理。况西洋人等，无一人通汉书者，说言议论，令人可笑者多。今见来人告示，竟是和尚道士、异端小教相同。凡此乱言者莫过如此。以后不必西洋人在中国行教，禁止可也，免得多事。

并当即下令关押嘉乐身边的传教士。最后，在嘉乐表示关于禁令他将回到欧洲请示罗马教廷进行修改之后，康熙才同意放人，并继续了此后的会谈。然而，康熙很清楚嘉乐在中国礼仪问题上并没有决定性的发言权，所以在此后的会见中不再就礼仪问题与之谈判，只是在其返回欧洲前，将一本以日记形式阐述中国朝廷对中国礼仪看法的《嘉乐来朝日记》交予他，请他转交罗马教廷。嘉乐于 1721 年离开北京，从结果上看，可以说他的这次访华不仅没能实现教皇给予他的使命，反而彻底激化了中国与罗马教廷间的矛盾。从此，对于天主教在中国的发展，清朝政府从原来的宽容与保护开始逐渐转变为严厉的镇压。

禁教之后的教务发展

由于康熙此前一直对西洋传教士实行优待政策，所以自"杨光先教案"平反至"礼仪之争"正式爆发之前的这段时期被认为是清代天主教发展的顶峰时期。据统计，在"礼仪之争"正式激化之前的 1701 年，各修会在华传教士总计超过 115 人，全国共有教堂 257 座，范围涉及 14 个省，而教徒人数已经达到了 30 万人以上。然而随后，教皇克莱芒十一世发布了 1704 年敕令。作为对策，康熙颁布了领票制度，大部分巴黎外方和多明我会传教士，以及少数一些方济各会士和耶稣会士等因为不愿领票而被驱逐出境。据法国耶稣会士荣振华（Joseph Dehergne）统计，截至 1712 年，留在中国的传教士减少至 73 人，其中耶稣会 50 人，方济各会 15 人，多明我会 2 人，奥斯定会 2 人，巴黎外方传教会 2 人，其他教士 2 人。而至 1724 年（雍正二年）全国的教堂仅增至三百余座，而教徒仍为 30 万。由此可见，"礼仪之争"正式爆发之后，天主教在中国的发展速度开始明显变缓。

从康熙于 1717 年下达禁教令开始，至道光二十四年（1844）禁教令解除，历经雍正、乾隆、嘉庆、道光诸朝，时间长达 127 年，这段时期在中国天主教历史上被称为"百年禁教"。不过，虽然同为禁教，但各朝各帝对于天主教的态度和所采取措施的严厉程度均不相同。

康熙皇帝对于西洋人和天主教的态度主要还是以宽容与同情为主，所以即便在下达了禁教令之后，也并没有采取严酷的打压措施，各地区也没有严格实行"限教令"，因此在一些地方的传教士依然能够公开传教。然而，自雍正皇帝登基之日起，便对天主教实行了严厉镇压。雍正皇帝对天主教的打压首先存在一定的政治因素。具体而言，则是与康熙末年时期诸位皇子为了争夺皇位进行的明争暗斗有直接的关系。在各位皇子之中，九皇子允禟与葡萄牙籍耶稣会士穆敬远（Joannes Morao）交往密切，对天主教持友好态度。穆敬远希望扶持一位亲近天主教的君主，曾经上疏奏请册立第九皇子为皇储。虽然此举被康熙斥责为僭越，但野心勃勃的穆敬远却并未就此放弃，甚至还专程跑到塞外造访近卫将军年羹尧，劝其拥立九皇子。另外，八皇子允禩则受到了后来信奉天主教的苏努诸子的拥护。苏努与雍正为从昆弟关系，先后担任过奉天将军、辽东巡抚、八旗统帅等要职。在接触天主教信仰之后，苏努的几个儿子先后入教。由于他们入教时，清廷已经因为"礼仪之争"而与罗马教廷关系紧张，所以苏努曾多次劝说儿子们放弃信仰，但却毫无效果。苏努诸子不仅信仰坚定，而且热心传教，最终使其全家74口先后入教。虽然康熙诸子争皇位之事在先，而苏努诸子信教在后，但雍正依然为此迁怒于教会。在雍正登基之后，穆敬远被杀，而苏努一族也全都被流放。

除了夺位之争的政治因素之外，雍正对天主教的排斥与其本身的信仰也不无关系。在雍正看来，被俗称为"喇嘛教"的藏传佛教，才是其作为满洲人所应该坚持信奉的，所以在他看来，"岂能像他人一样让此种（天主教）教义得以推广？"

最后，当然还有政治安全上的考虑，如同上章提到的沈漼、杨光先等反天主教一派一样，雍正同样将天主教视为隐患。雍正登基后曾向在宫内服务的传教士解释禁教原因称："朕知今日无所畏惧，然洋船千百沓至，必将生事。"

雍正登上皇位之后，一些反教的官员便上疏斥责天主教为邪教，要求禁教，雍正随即顺势开始推行严厉的禁教令。而各地官员得到禁教命令后，也纷纷迎合上意，大肆排教。除北京之外，全国各地的天主教普遍遭受巨大打击。据称传教士有50余人被逐，各地教堂或被拆毁，或被改为庙宇、书院、仓库，另作他用。在宫廷供职的传教士虽然没有被逐，但其职务被限定为修订历法之类，禁止从事传教工作。由此，天主教在中国的传播正式转为地下。

虽然遭受重创，但天主教在中国的发展并未因此断绝。大量传教士被逐，但仍有一批藏匿在各省，偷偷进行传教。并且信徒们在士民中私相传习亦已成风。不能公开去教堂敬拜，则改在某一信徒家中聚会，延续传统的宗教生活。在传教士和中国信徒的不懈努力下，一些地区的天主教发展甚至超过了康熙时期，如距离中央较远的福建及沿海岛屿和广州地区。不过从总体而言，信徒仍大幅减少。据称，雍正后期，全国天主教人数或不及康熙时期的一半。

雍正在位总共13年，之后由其四子弘历，也就是乾隆皇帝即位。乾隆一朝虽然也实行禁教，但对于天主教并没有像雍正那样仇恨，不过乾隆同样也不像康熙那样赏识西学，重视天主教，所以乾隆时期，朝廷对于天主教的政策时宽时严。一方面乾隆对待宫廷中的传教士态度友好，欣赏他们的技艺。同时，对北京的天主教也比较宽容，不仅保留了北京的东、南、西、北四大堂，还允许传教士自由举行教会礼仪。甚至在南堂失火后，乾隆还曾赐银万两用以修复。

但另一方面，乾隆又常常因为一些小事对天主教发动大规模的镇压。乾隆登基之后，大赦天下，苏努一族幸存的子孙因此恢复宗室地位。之后乾隆也没有立即实行禁教，甚至据说还曾对供职于宫廷的耶稣会士郎世宁（Giuseppe Castiglione）说

郎世宁画乾隆戎装骑马像（故宫博物院藏）

"汝可安心，朕未禁汝教"。因此，乾隆初年，天主教在内地的传教活动呈现出活跃的态势。然而好景不长，很快"礼仪之争"的残留问题就爆发了。当时，有一位满族官员蒙赦回京，为了庆祝大摆宴席，而其信奉天主教的妹妹因为宴会上有迷信活动拒绝前往参加，致使两家反目成仇。该官员愤然上疏要求严禁旗人入教，不然"我国之宗教风俗行将颠倒破坏"，于是，乾隆便下令严禁八旗信教，违者将处以重刑。乾隆十一年（1746），因福建将军揭发福建福安县一带的地下传教活动而掀起了一波全国性的禁教活动。在此期间，被查封的教堂约百所，甚至还有 5 名多明我会士和 2 名耶稣会士被判处死刑。从乾隆十一年至乾隆十九年（1754）期间，各省还爆发了数次反教活动，牵连了大批教徒。

郎世宁画乾隆像（故宫博物院藏）

从乾隆十九年至乾隆四十九年（1784）间，政府对天主教的镇压开始放松，各地的传教士又慢慢开始活动起来，信徒人数也开始缓慢增加。据统计，1765 年全国的教徒人数为 12.5 万，而到 1784 年达到了 15 万。当时，在内地秘密传教的传教士已达到数十位。见传教环境有所改善，澳门主教奉罗马传信部的旨意，决定继续扩大并加强在中国内地的传教工作，于该年中先后三次派遣传教士潜入内地。第三批传教士进入内地之后在襄阳地区被兵士抓获，湖广总督将此事上报皇帝，引起乾隆勃然大怒，随即引发一次全国性的大搜捕。最终逮捕西洋传教士 18 人，中国传教士 7 人，牵连教徒数百人。

除了死在狱中的传教士之外，其他西洋传教士一部分被留在北京，其他的都被遣送出境。中国天主教再次陷入低谷。不过大搜捕之后，乾隆并没有再次发动镇压天主教的行动。在搜捕的余波过去之后，传教士又陆续地潜回内地，各地的教务也重新开始慢慢恢复。之后的嘉庆皇帝在位期间也曾发起过几次全国性的搜捕和镇压天主教活动，甚至连北京也未能幸免。道光皇帝即位后同样沿袭了前朝诸帝对天主教的严禁政策，不过并没有发起过全国规模的追捕和驱逐，仅出现过几次地区性的镇压活动，对于天主教的态度相对宽容。

总体而言，"礼仪之争"之后的中国天主教可以说一直都在逆境中挣扎，屡屡遭到镇压。但其发展始终没有彻底断绝。这一方面是因为罗马教廷依然源源不断地秘密派遣传教士进入内地传教；另一方面，则是因为中国籍传教士的大量增加。据统计，在道光十五年（1835），当时中国有信徒22万人，西洋传教士40人，华籍教士80人。历时近140年后，至道光十九年（1839），中国天主教信徒人数终于恢复到了鼎盛时期的30万人。

网络图片来源

在印度传教的耶稣会士：

https://www.livemint.com/Leisure/7mxceX5JvNcGAkmXq-7oUHL/Book-Review-The-First-Firangis.html

仙花寺遗址：

https://view.inews.qq.com/a/20180712B1JHYX00

古西洋琴：

http://www.sohu.com/a/155058323_162527

李之藻画像：http://news.ifeng.com/a/20181125/60172780_0.shtml?_cpb_remenwz15

徐光启、利马窦二人像：

http://www.zonglanxinwen.com/img/cb1fae2cbf0c.html

克莱芒十一世：

http://www.artnet.com/artists/pier-leone-ghezzi/portrait-of-pope-clement-xi-AfiF21j4pnYPSp7Csc-7OA2